Jürgen Mackert

Staatsbürgerschaft

Jürgen Mackert

Staatsbürgerschaft

Eine Einführung

VS VERLAG FÜR SOZIALWISSENSCHAFTEN

Bibliografische Information Der Deutschen Nationalbibliothek
Die Deutsche Nationalbibliothek verzeichnet diese Publikation in der
Deutschen Nationalbibliografie; detaillierte bibliografische Daten sind im Internet über
<http://dnb.d-nb.de> abrufbar.

1. Auflage August 2006

Alle Rechte vorbehalten
© VS Verlag für Sozialwissenschaften | GWV Fachverlage GmbH, Wiesbaden 2006

Lektorat: Frank Engelhardt

Der VS Verlag für Sozialwissenschaften ist ein Unternehmen von Springer Science+Business Media.
www.vs-verlag.de

Das Werk einschließlich aller seiner Teile ist urheberrechtlich geschützt. Jede Verwertung außerhalb der engen Grenzen des Urheberrechtsgesetzes ist ohne Zustimmung des Verlags unzulässig und strafbar. Das gilt insbesondere für Vervielfältigungen, Übersetzungen, Mikroverfilmungen und die Einspeicherung und Verarbeitung in elektronischen Systemen.

Die Wiedergabe von Gebrauchsnamen, Handelsnamen, Warenbezeichnungen usw. in diesem Werk berechtigt auch ohne besondere Kennzeichnung nicht zu der Annahme, dass solche Namen im Sinne der Warenzeichen- und Markenschutz-Gesetzgebung als frei zu betrachten wären und daher von jedermann benutzt werden dürften.

Umschlaggestaltung: KünkelLopka Medienentwicklung, Heidelberg
Druck und buchbinderische Verarbeitung: Krips b.v., Meppel
Gedruckt auf säurefreiem und chlorfrei gebleichtem Papier
Printed in the Netherlands

ISBN-10 3-531-14626-2
ISBN-13 978-3-531-14626-3

Für Cornelia

Inhalt

Vorwort 9

Einleitung 11

1 Staatsbürgerschaft: Was ist das? 17
1.1 Historische Vorläufer moderner Staatsbürgerschaft............ 18
1.2 Der Übergang zur Moderne 21
1.3 Kennzeichen moderner Staatsbürgerschaft 23

2 Das klassische Paradigma einer Soziologie der Staatsbürgerschaft 27
2.1 Thomas H. Marshall: Klassengesellschaft und Bürgerrechte 28
2.1.1 Zentrale Aspekte der Analyse.............................. 38
2.2 Talcott Parsons: Struktur und Funktionsweise moderner
 Staatsbürgerschaft 40
2.2.1 Zentrale Aspekte der Analyse.............................. 53
2.3 Grundlagen und Charakter des soziologischen Konzepts moderner
 Staatsbürgerschaft 55
2.4 Zur Kritik des soziologischen Konzepts....................... 57

**3 Spannungsverhältnisse moderner Staatsbürgerschaft:
 Debatten um Citizenship** 61
3.1 Der dynamische Kern der Staatsbürgerschaft 61
3.2 Formale Gleichheit und reale Ungleichheit 65
3.2.1 (Neo)Liberalismus und soziale Rechte 65
3.3 Status und Praxis 68
3.3.1 Die Kommunitarismusdebatte 70
3.4 Universalismus und Partikularismus 73
3.4.1 Multikulturalismus.. 74
3.5 Inklusion und Exklusion 80
3.5.1 Staatsbürgerschaft und Immigration 81

4	**Citizenship im Zeitalter der Globalisierung**	89
4.1	Souveränitätsverlust des Nationalstaates?	90
4.2	Europäische Bürgerschaft	95
4.3	Menschenrechte	100

5	**„Citizenship Studies": Erosion der Staatsbürgerschaft?**	107
5.1	Sexual Citizenship	110
5.2	Post-national/Denationalized Citizenship	114
5.3	Ecological/Environmental Citizenship	118
5.4	Unterschiedliche Dynamiken: Staatsbürgerschaft und Citizenship Studies	121

6	**Ausblick**	123

Literatur ... 129

Sachregister ... 149

Vorwort

Ist die nationale Staatsbürgerschaft (Citizenship) ein Anachronismus? Zunehmend lässt sich in weiten Teilen der sozialwissenschaftlichen Debatte der Eindruck gewinnen, dass die Institution der Staatsbürgerschaft nur noch ein Auslaufmodell ist. Sie scheint einer Zeit anzugehören, die unwiderruflich vorüber ist: In ihr hatten wir es mit einer Welt zu tun, die durch territoriale Grenzen in klar voneinander geschiedene Nationalstaaten gegliedert war; die Staaten regulierten nicht nur ihre jeweiligen nationalen Ökonomien, als Wohlfahrtsstaaten garantierten sie ihren Bürgern einen hohen Lebensstandard und sicherten sie gegen vielfältige Risiken. Die politische Gemeinschaft wurde als ethnisch und kulturell weitgehend homogen begriffen, und die bürgerlichen, politischen und sozialen Rechte der Staatsbürger galten in dieser Welt als Fundament prosperierender demokratischer Gemeinwesen.

Ganz anders stellt sich das Bild heute dar: Globalisierung und Europäisierung haben Grenzen durchlässig und fließend werden lassen, die Bedeutung supranationaler und internationaler Institutionen stellen die Bedeutung des Nationalstaates als institutionellen Rahmen der Staatsbürgerschaft in Frage, das Regime der Menschenrechte scheint universalistischer und zeitgemäßer zu sein als die nationale Staatsbürgerschaft; ethnische und kulturelle Heterogenisierung westlicher Gesellschaften stellen die angenommene nationale Identität ihrer Bürger in Frage.

Wenn das die Situation ist, warum dann eine Einführung in die Soziologie der Staatsbürgerschaft? Der Grund dafür ist einfach: Die Zweifel an der fortbestehenden Bedeutung der Staatsbürgerschaft, wenn nicht gar ihr Ende, werden nicht selten verkündet, ohne dass zuvor eine eingehende Auseinandersetzung mit ihrer Struktur und Funktionsweise stattfindet. Die Dynamik von Citizenship und ihre integrative Kraft bleiben zumeist im Dunkeln.

Die vorliegende Einführung, die sich insbesondere an Studierende der Sozialwissenschaften richtet, geht hingegen von der Annahme aus, dass die Institution moderner Staatsbürgerschaft auch weiterhin, und gerade unter grundlegend veränderten Bedingungen, für die Integration moderner Gesellschaften eine zentrale Rolle spielen wird. Es kann mitnichten davon ausgegangen werden, dass wir es hier mit einem Auslaufmodell zu tun haben. Wie also „funktioniert" Staatsbürgerschaft? Was kennzeichnet diese Institution? Und vor welchen Problemen und Herausforderungen steht die altehrwürdige Institution angesichts historischer Transformationsprozesse? Als Einführung in die „Soziologie der Staatsbürgerschaft" geht es damit im engeren Sinne um die Struktur und Funktionsweise moderner Staatsbürgerschaft und um ihre künftige Bedeutung angesichts tief greifender Umbrüche.

Für Kommentare und Anmerkungen zu den einzelnen Kapiteln des Buches danke ich Michael Maschke, Steffen Mau, Christian Schmidt-Wellenburg, Jochen Steinbicker und Uwe Vormbusch sowie Ingar Abels und Andreas Weiß für ihre Hilfe bei der Literaturbeschaffung. Mein größter Dank gilt aber Cornelia Dörries für vielfältige Anregungen, kritische Lektüre und unverzichtbare Hinweise. Ihr ist dieses Buch gewidmet.

Jürgen Mackert					Berlin, im April 2006

Einleitung

Die Institution nationaler Staatsbürgerschaft (Citizenship)[1] steht im Zentrum zentraler politischer Kontroversen und öffentlicher Debatten: Immigration und Integration, soziale Teilhabe und wohlfahrtsstaatliche Sicherung; Bildung, Berufs- und Lebenschancen; bürgerliche Freiheit und staatliche Überwachung – das sind nur einige der Konfliktlinien, an denen sich in modernen westlichen Gesellschaften immer wieder heftige und, je nach Situation und Kontext, auch gewalttätige Auseinandersetzungen entzünden.

Im Hinblick auf die Folgen von Migrationsprozessen sind die Reizworte der politischen Debatte, zumal in Deutschland, bekannt: Leitkultur, doppelte Staatsbürgerschaft, Integrationsbereitschaft, Schnupperstaatsbürgerschaft oder auch die Rede von sogenannten Parallelgesellschaften deuten darauf hin, dass die Integration von Zuwanderern keineswegs als Automatismus begriffen werden kann. Problematisch ist nicht nur, ob von einer Bereitschaft der Zuwanderer zur Integration ausgegangen werden kann, sondern ebenso, ob Zuwanderern Integrationsangebote gemacht werden. Der Akt der Einbürgerung schafft formale Gleichheit unter den Mitgliedern einer Gesellschaft; die Anerkennung spezifischer Lebensformen, gegenseitiger Respekt und ein ziviler Umgang miteinander sind damit aber längst nicht gesichert. Das Selbstverständnis Deutschlands, eine ethnisch homogene Kulturnation zu sein, hat lange Zeit verhindert, dass die Tatsache dauerhafter Zu- und Einwanderung zur Kenntnis genommen wurde, doch welche Probleme Zuwanderung erzeugen kann, wird gegenwärtig auch in den Vereinigten Staaten, dem Einwanderungsland par excellence, deutlich. Die Vorstellung des „melting pot" wurde längst aufgegeben, die Idee des „ethnic mosaic" scheint realitätsnäher zu sein, und der massiven Süd-Nordwanderung von Mexiko und Mittelamerika in die Vereinigten Staaten wird mit enormen Schutzwällen begegnet.

Zu nicht weniger virulenten Konflikten führt der Umbau der Sicherungssysteme ausgebauter Wohlfahrtsstaaten. Das „Ende des sozialdemokratischen Zeit-

---

[1] Die Begriffe Staatsbürgerschaft und Citizenship werden in dieser Einführung gleichbedeutend verwendet, auch wenn der Begriff der Citizenship stärker auf Bürgerrechte und damit auf die aktive Rolle des Bürger verweist, während der Begriff der Staatsbürgerschaft die eher passive Mitgliedschaft in einem Staat betont.

alters" (Dahrendorf) läutet eine Ära neuer und schärferer Auseinandersetzungen um die Verteilung sozialer Güter ein. Vor dem Hintergrund einer immer ungleicher werdenden Einkommens- und Reichtumsverteilung kehren alte Probleme moderner Gesellschaften in neuer und zum Teil radikalisierter Form zurück: von der prekärer werdenden Situation all jener, die zwar noch wohlfahrtsstaatlich eingebunden sind, als Alte, Arme, allein Erziehende oder Ausländer aber die große Gruppe jener bilden, deren Situation in der Debatte um soziale Exklusion (Steinert 2003) verhandelt wird, bis hin zum Phänomen einer ausgeschlossenen „underclass" in Ländern wie den Vereinigten Staaten oder Großbritannien (Schmitter-Heisler 1994) und der räumlichen Segregation in Form von Ghettos (Wacquant 2004).

Dass moderne Gesellschaften auch vom Bildungsgrad ihrer Bürger abhängig und auf kompetente Bürger angewiesen sind, wird deutlich in der hitzigen Debatte um die Ergebnisse der PISA-Studien in Deutschland. Die Staatsbürgerschaft kommt hier in zweifacher Hinsicht ins Spiel. Zum einen erweist sich als Problem, dass das dreigliedrige Schulsystem die soziale Herkunft der Schüler abbildet und damit gerade nicht seiner eigentlichen Aufgabe gerecht wird, ungeachtet ihrer sozialen Herkunft allen die gleichen Bildungsmöglichkeiten zu eröffnen. Diese Problematik setzt sich gleichwohl fort, denn auch die Vorstellung, dass ein qualifizierter Bildungsabschluss eine entsprechende Position in der Berufs- und Einkommenshierarchie garantiert, ist ein entscheidendes Moment staatsbürgerlicher Regime. Nur in dem Maße, in dem das Prinzip der Chancengleichheit im Bildungssystem als Ideal gesellschaftlicher Bemühungen erhalten bleibt, lässt sich in einem liberalen Verständnis von einer Legitimität sozialer Ungleichheit reden. Ein Schulsystem, das soziale Ungleichheit reproduziert und individuelle Bildungsanstrengungen nicht durch eine entsprechende Position in der Berufs-, Prestige- und Einkommenshierarchie belohnt, delegitimiert sich selbst und erfüllt nicht seine eigentliche Aufgabe, illegitime Ungleichheiten zu beseitigen.

Aber auch einmal durchgesetzte bürgerliche Freiheitsrechte können zur Disposition gestellt werden. Das gilt ganz allgemein für die zunehmende Überwachung öffentlicher Räume, wie sie etwa durch CCTV (Closed Circuit Television) in Großbritannien praktiziert wird, oder aber für die Bedrohung der Privatsphäre durch Maßnahmen wie den „großen Lauschangriff" in Deutschland. Spätestens seit den im „Krieg gegen den Terrorismus" ergriffenen Maßnahmen, wie etwa dem „Patriot Act" in den Vereinigten Staaten, ist deutlich, dass der Schutz des Individuums vor dem Staat auch unter demokratischen Bedingungen vermeintlich höheren Zielen geopfert werden kann (Cole und Dempsey 2002).

Die Brisanz dieser Debatten weist zunächst darauf hin, dass sich in modernen Gesellschaften Grundlegendes zu ändern scheint. Eine spezifische Form sozialer

Ordnung, die mit der Staatsbürgerschaft institutionalisiert wurde, scheint brüchig geworden zu sein oder droht, brüchig zu werden. Aber warum drehen sich alle diese Debatten im Kern um die Staatsbürgerschaft?

Eine Antwort auf diese Frage erhält man, wenn man in soziologischer Perspektive nach ihrer spezifischen Funktion fragt: Staatsbürgerschaft ist zwar seit Aristoteles eine der zentralen Ideen des westlichen politischen Denkens, doch in modernen Gesellschaften ist sie das entscheidende Konstitutions- und Integrationsinstrument (Grawert 1984); sie reagiert auf gesellschaftliche Krisen und trägt zur Institutionalisierung sozialer Ordnung bei. Das bedeutet, dass durch die Staatsbürgerschaft darüber entschieden wird, wer Teil einer Gesellschaft ist und als Bürger oder Bürgerin eines Landes gelten kann; es wird darüber entschieden, wer politisch partizipieren und an Wahlen teilnehmen darf und so zu denen gehört, die im demokratischen Prozess politische Macht verleihen; es wird darüber entschieden, wer legitimerweise soziale Rechte geltend machen kann und in den Genuss wohlfahrtsstaatlicher Absicherung kommt. Mit anderen Worten: Über Citizenship wird in modernen Gesellschaften ein dauerhaftes Integrationsarrangement institutionalisiert, und damit stehen in soziologischer Perspektive Fragen nach den Bedingungen und Möglichkeiten sozialer Integration in den Mittelpunkt.

Für den Prozess der Sicherstellung gesellschaftlicher Integration spielt Staatsbürgerschaft deshalb eine wichtige Rolle. Was gesellschaftliche Integration genau ist, lässt sich positiv nur schwer umschreiben. Gelingt sie, so wird sie „weder von den Gesellschaftsmitgliedern noch von soziologischen Gesellschaftsbeobachtern als solche bemerkt, sondern für selbstverständlich, gewissermaßen als natürliche Ordnung der Dinge, genommen und hingestellt" (Schimank 2000, 451). Und dieser Befund gilt nicht weniger auch für die Staatsbürgerschaft. Sie gilt so lange als selbstverständlich und problemlos, solange institutionalisierte Arrangements von Mitgliedschaft und Zugehörigkeit, mithin von Inklusion und Exklusion, unverändert fortbestehen. Zum Gegenstand gesellschaftspolitischer und wissenschaftlicher Auseinandersetzungen wird die Institution der Staatsbürgerschaft aber immer dann, wenn die „natürliche Ordnung der Dinge" ins Wanken gerät und Integration schwindet, ganz gleich, ob es sich dabei um Krisen wohlfahrtsstaatlicher Sicherung oder um Zuwanderung und die Entscheidung über Regeln der Einbürgerung dreht.

In westlichen Gesellschaften lässt sich beobachten, dass die nach dem Zweiten Weltkrieg, in einer Phase ökonomischer Prosperität und politischer Stabilisierung etablierten sozialen Integrationsarrangements seit den 1980er Jahren unter enormem Druck stehen. Das ist besonders augenfällig im Hinblick auf die wohlfahrtsstaatlichen Sicherungssysteme, aber es gilt nicht weniger für Gewissheiten, die bis zu diesem Zeitpunkt trotz aller kulturell und national unterschiedlichen Ausprägung mit dem nationalen Modell der Staatsbürgerschaft verbunden waren, und die nun fraglich geworden sind: Können wir weiterhin davon ausgehen, dass die Mitglieder moderner Gesellschaften über eine gemeinsame nationale Identität verfügen und sich selbst als Mitglieder einer Nation begreifen? Ist es einleuchtend, dass bürgerliche, politische und soziale Rechte den Kern der Staatsbürgerschaft darstellen oder müssen sie nicht durch spezielle kulturelle oder gruppenspezifische Rechte ergänzt werden? Ist die modernisierungstheoretische Überzeugung einer zwangsläufigen Inklusion aller Gesellschaftsmitglieder in die Staatsbürgerrechte weiterhin haltbar? Lebt nicht in allen westlichen Demokratien eine große Anzahl Nicht-Bürger, Bürger „zweiter Klasse" mit begrenzten Rechten, und eine steigende Zahl rechtloser „Illegaler", die das Ideal eines einheitlichen Status aller Gesellschaftsmitglieder nachhaltig in Frage stellen?

Derartige Fragen deuten auf tief greifende Veränderungen in westlichen Gesellschaften hin, und es lassen sich einige strukturelle und kulturelle Umbrüche benennen, die die über Staatsbürgerschaft institutionalisierten sozialintegrativen Arrangements nachhaltig erschüttert haben. Um welche Entwicklungen handelt es sich dabei im Einzelnen?

Den Ausgangspunkt markiert die Erfahrung der Ölkrise in den 1970er Jahren. Die ökonomische Rezession führte zu fiskalischen Krisen der ausgebauten Wohlfahrtsstaaten westlicher Industrienationen und machte unmissverständlich deutlich, dass einmal erkämpfte soziale Rechte auch wieder zurückgenommen werden können. Das Forschrittsmodell westlicher Gesellschaften war damit nachhaltig erschüttert.

Dieser Trend wurde durch ökonomische Globalisierung und die Durchsetzung neoliberaler Ideologie und Politik verstärkt. Alle westlichen Gesellschaften machen gegenwärtig, im Zuge der Kürzungen von Sozialprogrammen und wohlfahrtsstaatlichen Leistungen, die Erfahrung neuer Formen von Armut und sozialer Ausgrenzung. In politischer Hinsicht steht hingegen die Regulierungsfähigkeit des Staates in Frage, und nicht selten ist die Rede von einem umfassenden Souveränitätsverlust des Nationalstaates. Der Markt, so die Annahme, wird zum organisierenden Prinzip gesellschaftlicher Prozesse und übernimmt Funktionen, die bisher in den Verantwortungsbereich des Staates fielen.

Die Entstehung supranationaler Akteure, insbesondere der Europäischen Union ist ein weiterer Aspekt. Wenngleich die EU-Verfassung zunächst gescheitert ist, so ist die EU doch ein supranationaler politischer Akteur, an den die Mitgliedsstaaten der EU eine Vielzahl von Kompetenzen abgetreten haben. Die EU-Bürgerschaft stellt zwar eher ein rudimentäres Konzept dar, doch vor allem im Hinblick auf die Rolle der EU-Bürger als Produzenten und Konsumenten hat die Rechtsprechung auf europäischer Ebene Konsequenzen für die Bürger.

Als ein weiterer Umbruch kann die Nachkriegsmigration gelten, die westliche demokratische Gesellschaften nachhaltig verändert hat. Einwanderung macht nicht nur die Annahme einer nationalen Identität problematisch; in dem Maße, in dem Migranten nicht in den Genuss von Staatsbürgerrechten kommen, entsteht im Innern dieser Gesellschaften eine Pluralität von Status, die dem Ideal moderner Staatsbürgerschaft, alle Mitglieder einer Gesellschaft zu freien und gleichen Bürgern zu machen, zuwiderläuft.

Ferner sind Dynamiken unterhalb der nationalen Ebene und im Innern von Nationalstaaten von großer Bedeutung. So unterschiedliche Entwicklungen wie die ethnischen Konflikte nach der Implosion der Sowjetunion oder im ehemaligen Jugoslawien, Bestrebungen, wie jene der kanadischen Provinz Quebec nach weitgehender Autonomie oder auch Sezessionsbewegungen wie etwa im Baskenland, deuten darauf hin, dass die klassische Vorstellung von nationaler Staatsbürgerschaft problematisch geworden ist. Bei aller Unterschiedlichkeit stellen Bestrebungen nach Autonomie sowie Regionalismus und Separatismus den institutionellen Rahmen von Staatsbürgerschaft, und nicht selten den Staat selbst, in Frage.

Damit sind einige der wichtigsten Umbrüche in modernen westlichen Gesellschaften benannt, die gültige Arrangements der Sozialintegration zur Disposition gestellt und das Selbstverständnis dieser Gesellschaften verändert haben. Eine entscheidende Folge dieser historischen Zäsuren und Umbrüche besteht darin, dass inzwischen häufig nicht mehr nur davon ausgegangen wird, dass ein bestimmtes über die Staatsbürgerschaft institutionalisiertes Integrationsarrangement brüchig geworden ist; es wird aus diesem Befund vielmehr immer öfter der Schluss gezogen, dass das Modell nationaler Staatsbürgerschaft nicht mehr dazu in der Lage ist, einen entscheidenden Beitrag zur Sozialintegration moderner Gesellschaften zu leisten. Eine Vielzahl alternativer Konzepte wird ins Feld geführt, von denen behauptet wird, sie könnten die bisher der Staatsbürgerschaft zugeschriebenen sozialintegrativen Funktionen besser erfüllen. Im Zeitalter von Globalisierung und Europäisierung einerseits, Regionalisierung und Identitätspolitiken andererseits, ist die Institution der Citizenship damit in einen Zangengriff geraten: Vorstellungen einer Marktzivilisation, die den globalen Marktbürger proklamieren, EU-Bürgerschaft oder auch das entstehende Regime der Menschenrechte sowie eine Vielzahl neuer Konzepte, die den „Global Citizen" oder Formen „kosmopolitischer Bürgerschaft" proklamieren, scheinen den Status nationaler Staatsbürgerschaft „von oben" in Frage zu stellen und zu einer Universalisierung von Staatsbürgerschaft zu drängen; aber auch „von unten" lassen sich Bewegungen identifizieren, die im Gegensatz zur nationalen Identität der Staatsbürger partikulare Identitäten betonen und Gruppen- oder Sonderrechte für gesellschaftliche oder kulturelle Gruppen fordern, um deren Mitgliedern zur Anerkennung ihrer je spezifischen Identität zu verhelfen.

Universalisierung oder Partikularisierung der Staatsbürgerschaft? – zwischen diesen beiden Strategien scheint man sich gegenwärtig entscheiden zu müssen, um jenseits einer vermeintlich überkommenen Vorstellung von sozialer Integration zu einem angemessenen Verständnis von Zugehörigkeit oder Mitgliedschaft in modernen Gesellschaften zu gelangen. Aber steht eine solche Entscheidung tatsächlich an? Deutet die Dynamik moderner Staatsbürgerschaft nicht vielmehr darauf hin, dass sie auch weiterhin ein zentrales Moment der sozialen Integration moderner Gesellschaften sein wird?

Diesen Fragen widmet sich die vorliegende Einführung in die Soziologie der Staatsbürgerschaft. Das erste Kapitel geht der Entstehung und den typischen Kennzeichen moderner Staatsbürgerschaft nach; Kapitel 2 rekonstruiert das klassische soziologische Modell nationaler Staatsbürgerschaft und diskutiert seine Struktur und Funktionsweise sowie die mit ihm verbundenen Annahmen und Probleme; Kapitel 3 widmet sich den der Citizenship zugrunde liegenden konstitutiven Spannungsverhältnissen und skizziert vor diesem Hintergrund die in den 1980er und 1990er Jahren um sie geführten Debatten; Kapitel 4 beleuchtet dann mit der Globalisierung, der EU-Bürgerschaft und dem Regime der Menschenrechte jene Umbrüche, die im Zeitalter der Globalisierung das nationale Modell der Staatsbürgerschaft in Frage zu stellen scheinen; Kapitel 5 widmet sich abschließend dem noch neuen Feld der „Citizenship Studies". Unter diesem Label firmieren Debatten, die Sinn und Zweck nationaler Staatsbürgerschaft radikal in Zweifel ziehen und neue Formen der Mitgliedschaft propagieren. Ein kurzer Ausblick beschließt den Band.

1 Staatsbürgerschaft: Was ist das?

Die Geburtsstunde moderner Staatsbürgerschaft (Citizenship) schlägt am 26.8.1789 mit der Verkündung der Menschen- und Bürgerrechte. Im Zuge der Französischen Revolution wird ein Status institutionalisiert, durch den alle Mitglieder der französischen Gesellschaft zu Freien und Gleichen werden. Heute scheint uns die Institution der Citizenship so selbstverständlich, dass näheres Nachfragen, was es mit diesem Status in modernen Gesellschaften auf sich hat, gar nicht erforderlich zu sein scheint.

Die Staatsbürgerschaft verweist darauf, dass Menschen in politischen Gemeinwesen Rechte und Pflichten haben, und nichts scheint offensichtlicher zu sein, als die Tatsache, dass man als Individuum zugleich Bürger oder Bürgerin eines Staates ist; kein Zweifel besteht in demokratischen Gesellschaften an den Grundrechten der Bürger, an ihrem Recht, an der politischen Willensbildung teilnehmen und soziale Rechte einfordern zu können; zentrale Aufgabe des Staates ist es, die Sicherheit der auf seinem Territorium lebenden Bürger zu gewährleisten und ihre Gemeinschaft gegen Bedrohung von außen zu schützen; zugleich wissen Bürger, dass sie in einer demokratischen Gesellschaft durch ihre Grundrechte auch vor der Willkür des Staates geschützt sind, und ebenso wenig scheint Unklarheit darin zu bestehen, dass nicht jeder, der einwandern und in den Genuss der Bürgerrechte der jeweiligen Aufnahmegesellschaft kommen möchte, das ohne weiteres auch tun kann. Die Gesellschaft kann gegenüber jenen, die nicht selten ungebeten in das Gemeinwesen der Bürger einwandern wollen, geschlossen werden.

All das scheint in der Theorie selbstverständlich zu sein, doch in der Praxis ist das Ideal der Staatsbürgerschaft – rechtlich kodifizierte Gleichheit der Mitglieder einer Gesellschaft, deren aktive politische Partizipation, ihre Inklusion in die Gesellschaft und deren Exklusion nach außen – keineswegs garantiert. In welchem Ausmaß Bürgern Rechte gewährt werden, ist vielmehr abhängig von spezifischen historischen und gesellschaftlichen Bedingungen. Inwiefern Freiheitsrechte den Bürgern Schutz vor ihrem eigenen Staat garantieren, politische Rechte wahrgenommen und soziale Rechte eingeklagt werden können, ist kontingent und variiert von Gesellschaft zu Gesellschaft. Staatsbürgerschaft ist immer auch Gegenstand von Interessenkonflikten und deshalb umkämpft, wie allein die Auseinandersetzungen um grundlegende bürgerliche Freiheitsrechte in ehemaligen kommunistischen

Ländern oder der Umgang mit Gefangenen auf dem US-amerikanischen Armeestützpunkt Guantanamo zeigen, und nicht weniger die Beschneidung bürgerlicher Freiheitsrechte in westlichen Demokratien im sogenannten „Krieg gegen den Terrorismus", die dem vermeintlichen Schutz der Bevölkerung dient.

Bei näherer Betrachtung wird deutlich, dass im Hinblick auf die Staatsbürgerschaft nicht alles so selbstverständlich ist, wie es auf den ersten Blick zu sein scheint – wir haben es vielmehr mit einer äußerst komplexen gesellschaftlichen Institution zu tun:

> „Citizenship designates a set of mutually enforceable claims relating categories of persons to agents of governments. Like relations between spouses, between co-authors, between workers and employers, citizenship has the character of a contract: variable in range, never completely specifiable, always depending on unstated assumptions about context, modified by practice, constrained by collective memory, yet ineluctably involving rights and obligations sufficiently defined that either party is likely to express indignation and take corrective action when the other fails to meet expectations built into the relationship. As observers, we actually witness transcations between governmental agents and members of broadly-defined categories, but we abstract from those transactions a cultural bundle: a set of mutual rights and obligations" (Tilly 1997, 599).

Die Betonung des Vertragscharakters der Citizenship und damit des Verhältnisses zwischen Bürgern und Staat; die auf beiden Seiten einklagbaren Rechte, ihr kontingentes und variables Ausmaß, und ihre Definition, die durch das kollektive Gedächtnis und die kulturelle Tradition einer Gesellschaft bestimmt wird; und nicht zuletzt die aus diesem Verhältnis resultierenden wechselseitigen Erwartungen und Forderungen, die als Verhältnis von Rechten und Pflichten gefasst werden können – all diese Aspekte deuten darauf hin, dass mit Selbstverständlichkeiten im Hinblick auf die Institution der Staatsbürgerschaft kaum zu rechnen ist. Was genau also ist die Staatsbürgerschaft? Wie hat sie sich entwickelt und im Zuge welcher historischen Prozesse ist sie zu einer der zentralen Institutionen moderner Gesellschaften geworden? Die Staatsbürgerschaft ist keine „Erfindung" moderner Gesellschaften. Die Idee, dass die Rechtsansprüche der Mitglieder einer Gemeinschaft mit notwendig einhergehenden Pflichten verbunden werden, finden wir zum ersten Mal in den Stadtstaaten der griechischen Antike (vgl. Gosewinkel 2001, 1852).

1.1 Historische Vorläufer moderner Staatsbürgerschaft

Die Demokratie des Stadtstaates Athen gilt als Ursprung und Inspiration des modernen westlichen politischen Denkens. Wenngleich es historisch ältere Formen des Stadtstaates gibt, so berechtigen die Ideale der athenischen Polis – Gleichheit vor dem Gesetz, Freiheit, Achtung des Gesetzes und Gerechtigkeit – doch dazu, dieses Modell zum Ausgangspunkt für ein Verständnis von der Staatsbürgerschaft zu nehmen (vgl. Held 1995, 5).

Die griechischen Stadtstaaten waren kleine Gemeinschaften und ihre Bevölkerung in drei hierarchisch angeordnete Stände – Bürger, auf Dauer wohnende Ausländer (Metöken) und Sklaven – unterteilt; Bewegungen nach oben und unten in dieser Hierarchie waren möglich, die Stände jedoch klar voneinander getrennt (vgl. Hansen 1995).

Der Staat galt Aristoteles als eine Vielheit von Staatsbürgern – die Polis ist „die Menge der aktiven Bürger, die für ein autarkes Leben ausreicht" (Frede 2001, 79). Bürger der Polis war aber nur derjenige, der „an dem Herrschen und Beherrschtwerden teil hat" (Aristoteles 1990, 106; 1284a). Und diese Fähigkeit, die Teilnahme an der Herrschaft, durch die der Stadtbewohner des griechischen Stadtstaates zum Bürger wurde, wurde nur freien, in der Polis geborenen Männern zugesprochen. Die Bürgerschaft des athenischen Stadtstaates war damit ein exklusiver Status, der zwangsläufig einen großen Teil der Bevölkerung – Frauen, Sklaven, Fremde, Handwerker etc. – ausschloss. Die Partizipation der Bürger am öffentlichen Leben, d.h. an der Regierung war nur möglich, weil Sklaven für die ökonomischen Erfordernisse eingesetzt wurden. Die Entlastung von wirtschaftlicher Arbeit war unabdingbare Voraussetzung des Bürgerseins, als dessen eigentlicher Zweck die Teilnahme am „bürgerlichen Leben" galt (Riedel 1979, 673). Diese Bedeutung zeigt sich in der Unterscheidung der Sphären von privat und öffentlich oder oikos und polis: „Citizenship is not just a means to being free; it is the way of being itself. Aristotle based his definition of citizenship on a very rigorous distinction between ends and means, which makes it an ideal in the strict sense that it entailed an escape from the *oikos*, the material infrastructure in which one was forever managing the instruments of action, into the *polis*, the ideal superstructure in which one took actions which were not means to ends but ends in themselves" (Pocock 1992, 37).

Wenngleich ein Großteil der Bevölkerung von der Fähigkeit zu regieren und regiert zu werden ausgeschlossen blieb, so lässt sich die Entwicklung in der athenischen Demokratie als großer Schritt in Richtung Politisierung begreifen, da hier zum ersten Mal die Frage danach, wer herrscht, also der Kern der politischen Ordnung, zum Gegenstand der Politik wurde (vgl. Meier 1995, 40). Die Gleichheit zwischen den Bürgern beschränkt sich aufgrund der Exklusivität des Bürgerstatus jedoch auf eine kleine Minderheit der Bevölkerung. Diese Bürgerschaft definiert sich „durch die politische Partizipation im emphatischen Sinn, durch die Beteiligung an der Regierung" (Höffe 1999, 275). Gemeinsam mit dieser grundlegenden Bedeutung der Beteiligung der Bürger an der res publica, stellen die Verpflichtung auf das Gemeinwohl und ein gewisses Maß an direkter Demokratie jene drei Elemente dar, durch die die griechische Demokratie zum Vorbild für unser heutiges Verständnis wurde (vgl. ebd.).

Im römischen Recht finden sich ähnliche Bestimmungen wie in der griechischen Polis. Auch der römische Bürger war Bürger des Stadtstaates, der Stadt und Land einschloss, und auch hier setzte sich der Kern der Bürgerschaft aus freien, über ein Haus gebietende Hausherren zusammen, die von der Arbeit der Nicht-Bürger lebten (vgl. Riedel 1979). Gleichwohl gibt es im Vergleich zur athenischen Demokratie im Hinblick auf die Bürgerkonzeption der römischen Republik und dann des römischen Kaiserreiches auch entscheidende Unterschiede (vgl. Nippel 1988, 3ff.). Eine entscheidend neue Dynamik entsteht hier im Zuge der Ausdehnung des Status des Bürgers auf Plebejer und unterworfene Völker, sodass Titel und Rechte des Römischen Bürgers schließlich allen Untertanen zukamen. Mit dieser Ausweitung einher ging die Veränderung einer Vorstellung von Staatsbürgerschaft als aktive Partizipation in einer politischen Gemeinschaft hin zu einem rechtlichen, juristischen Status (vgl. Pocock 1992). „It provided rights to legal protection by Roman soldiers and judges in return for allegiance to Rome. It no longer had any strong connection to actual practices of self-governance" (Smith R.M. 2002, 106).

Die Entstehung eines neuen Typs der Bürgergemeinde im mittelalterlichen Europa führte zur Umgestaltung des Begriffes des Bürgers. Die Bürger der mittelalterlichen Städte waren vorwiegend Kaufleute und Handwerker. Gewerbe und Handel, die das antike Bürgertum ausschloss, wurden in den Bürgerbegriff aufgenommen. Das damit verbundene Bürgerrecht mussten sich die Gewerbebürger (Handwerker) allerdings oft erst erkämpfen (vgl. Riedel 1979, 676). Mit dieser neuen Vorstellung vom Begriff des Bürgers, „der sich durchaus antiken Vorstellungen anglich und in die Herrschaftsstrukturen der agrarischen Gesellschaft einfügte, waren also Stadtsässigkeit, wirtschaftliche und herrschaftlich-politische Stellung untrennbar verbunden" (ebd., 677). Die Exklusivität des Bürgerstatus blieb so gleichwohl erhalten, und selbst im Florenz der Renaissance, das fast als einzige Stadt eine konstitutionelle Form der Regierung bewahrte, blieb er an spezifische Voraussetzungen gebunden: „The rank of citizen was enjoyed by all men except members of lesser guilds and labourers" (Heater 1990, 24).

Für die Durchsetzung eines modernen Verständnisses von Staatsbürgerschaft wird im historischen Rückblick schließlich deutlich, dass ein sich entwickelndes Verständnis der Reziprozität von Rechten und Pflichten (Tilly 1998) nicht weniger bedeutsam war als die Wiederbelebung des öffentlichen Charakters der Bürgerschaft. So, wie die Ausbildung des modernen Staatsbürgerrechts in England seit 1688 und auf dem europäischen Festland seit 1789 in Gang kam, als „die Untertanen die ihren Pflichten entsprechenden Rechte einforderten und den Staat auf die gemeinnützigen Ziele festlegten, die in der mittelalterlichen Stadt zu Staatszielen erhoben worden waren" (Pitz 1990, 273), hat auch die Wiederbelebung des klassischen aristotelischen Konzepts in den Stadtstaaten Nord- und Mittelitaliens der Renaissance für ein modernes Verständnis der Staatsbürgerschaft entscheidende Bedeutung: „The founding of universities, which promoted the development of Roman law, a vital communal life, and a rich theoretical literature on a rational and egalitarian order (…) made the city-state world of Upper Italy a birthplace of modern citizenship" (Gosewinkel 2001, 1853). Aber was genau bewirkt den Übergang von vormodernen Formen zu einer modernen Konzeption der Staatsbürgerschaft? Welche historischen Veränderungen sind dazu erforderlich?

1.2 Der Übergang zur Moderne

Die moderne Staatsbürgerschaft, wie wir sie heute kennen, entstand im Zuge einer Reihe struktureller und kultureller Transformationsprozesse, die als Effekte der Industriellen Revolution einerseits, der Amerikanischen und Französischen Revolution andererseits, aber auch als Folge kultureller Umwälzungen begriffen werden können.

In *ökonomischer* Hinsicht entsteht im Zuge der Industriellen Revolution ein Marktsystem, durch das der sich entwickelnde Kapitalismus die bis dahin gültigen hierarchischen, partikularistischen, patriarchalen und religiösen Institutionen und Werte untergräbt. Mit der Auflösung der überkommenen Einbindungen in Über- und Unterordnungsverhältnisse, einem Prozess, in dem „alles Ständische verdampft" (Marx und Engels), wird auf ökonomischer Ebene überhaupt erst die Voraussetzung dafür geschaffen, dass sich die Individuen als freie und gleiche Bürger auf dem Markt gegenübertreten können, um Verträge zu schließen.

In *politischer* Perspektive ist die Entstehung moderner Staatsbürgerschaft unmittelbar mit der Herausbildung des modernen Nationalstaats verbunden. Hier lassen sich einige wichtige Aspekte anführen, die die Organisation politischer Herrschaft auf ein neues Fundament stellen: Staaten sind geografische und geopolitische Einheiten, deren Territorium durch klar definierte Staatsgrenzen gekennzeichnet ist. Innerhalb dieser Grenzen beansprucht der jeweilige Staat legitime Herrschaft und setzt sie auch durch. Ein solches Verständnis von Herrschaft, das sich auf ein territorial definiertes Hoheitsgebiet bezieht, ist im Feudalismus noch unbekannt und entsteht erst im Absolutismus. Die Vorstellung, dass sich eine bürokratische Herrschaft auf ein staatliches Territorium erstreckt, ist modern und markiert einen Gegensatz zu vormodernen Gesellschaften und Imperien.

Neu ist auch die Vorstellung staatlicher Souveränität. Der Staat musste Ansprüche mächtiger Akteure sowohl von außerhalb (Kirche, rivalisierende Staaten) als auch innerhalb (Freie Städte) zurückweisen und sich als alleiniges Machtzentrum durchsetzen; Souveränität verweist zugleich aber auf eine zentralisierte bürokratische Herrschaft, ohne konkurrierende Machtzentren im Innern eines Territoriums (Aristokratie, Stände, freie Städte), ein stehendes Heer, das Steuermonopol und die Orientierung der Staatsgewalt am Gemeinwohl (Elias 1976; Weber [1922] 1985). Der Westfälische Friede von 1648, der den Dreißigjährigen Krieg beendete, macht den Staat dann auch zum souveränen Akteur auf dem Feld der Internationalen Beziehungen.

Schließlich werden in modernen Staaten durch eine Verfassung die grundlegenden Spielregeln des politischen Prozesses definiert. Sie stellt die Grundlage und Rechtfertigung staatlichen Handelns dar und bringt zum einen die Idee zum Ausdruck, dass der Staat eine klar umgrenzte, von Regeln geleitete Sphäre ist; zum anderen zeigt sich, dass nicht mehr der Wille des Herrschers (Willkür), sondern die unpersönliche Macht gesatzten Rechts entscheidend ist, dem Herrscher und Beherrschte gleichermaßen unterworfen sind.

Vor dem Hintergrund dieser historischen Entstehung des modernen Nationalstaates wird verständlich, dass sich im Übergang zur Moderne ein vollständig neues Verständnis des Bürgers etabliert. Von den Staatsbürgern ist nicht mehr der Glauben an gottgewollte Ungleichheiten und Ehrfurcht vor weltlichen und religiösen Autoritäten gefordert, sondern ein völlig neues Verständnis der Rolle des Staatsbürgers und dessen Verhältnis gegenüber der rein weltlich gefassten Herrschaft (Leca 1992, 17f.). Dieser radikale Umbruch bricht sich dann endgültig im Zuge der Französischen Revolution Bahn, die Brubaker (1994, 78) als bürgerliche, demokratische, nationale und staatsbildende Revolution charakterisiert hat. Jeder dieser vier Aspekte ist für ein Verständnis moderner Staatsbürgerschaft von entscheidender Bedeutung: Als *bürgerliche Revolution* schafft sie einen allgemeinen Mitgliedsstatus auf der Basis der Gleichheit vor dem Gesetz. Die Revolution schafft eine Vielzahl von Privilegien (regionale Freiheiten, Sonderrechte, Lehensrechte etc.) ab, wodurch jeder und jede gleich wird vor dem Gesetz. Die Bürger und Bürgerinnen genießen ab sofort gleiche Rechte, sie haben aber auch Pflichten gegenüber ihren Mitbürgern und gegenüber dem Staat.

Betrachtet man die Französische Revolution als *demokratische Revolution*, so wird klar, dass durch sie die klassische Konzeption der aktiven politischen Staatsbürgerschaft wieder belebt wird. Hier steht Rousseaus Demokratiekonzeption Pate, die ihrerseits von den republikanischen Vorstellungen der Antike und der Renaissance beeinflusst war. Indem alle als Bürger definiert und die politischen Rechte betont werden, wird der ehemalige Sonderstatus des Bürgers in einen allgemeinen Status umgewandelt.

Die Bedeutung der Französischen Revolution als eine *nationale Revolution* besteht darin, dass sie die Grenzen und Antagonismen zwischen den Mitgliedern verschiedener Nationen verstärkt: Hier sind mindestens drei Effekte entscheidend:

Erstens werden innerhalb der Nation rechtliche Unterschiede nivelliert, wodurch der Staatsbürgerschaft eine allgemeingültige Qualität, die bürgerliche Gleichheit, verliehen wird; zweitens wird durch die Abgrenzung nach außen und die Homogenisierung nach innen die Nation selbst aufgewertet und durch die Idee nationaler Staatsbürgerschaft der Grundstein für den modernen Nationalismus als innenpolitischem und internationalem Phänomen gelegt; drittens schließlich wird durch die Abgrenzung gegenüber anderen Nationen erst eine genaue Definition des Franzosen als Staatsbürger und Teil der Nation möglich. Die Trennung zwischen Menschen- und Bürgerrechten spiegelt die Trennung zwischen Franzosen und Ausländern wider, denen Rechte verweigert oder besondere Pflichten auferlegt werden können, allein aufgrund der Tatsache, dass sie keine Staatsbürger sind.

Als *staatsbildende Revolution* ersetzt die Französische Revolution vielfältige Formen der Mitgliedschaft durch die direkte Form der Mitgliedschaft – den Status des Staatsbürgers. Das Verhältnis zwischen Bürger und staatlicher Herrschaft ist nicht mehr über eine Vielzahl vermittelnder Herrschaftsinstanzen organisiert. Stattdessen ist das direkte Verhältnis von Unmittelbarkeit gekennzeichnet und wird als solches institutionalisiert.

Schließlich verändert sich im Übergang zur Moderne auch in *kultureller* Hinsicht Entscheidendes. Turner (1993a) hat auf einige der wichtigsten Voraussetzungen und kulturellen Transformationen hingewiesen, die für die moderne Staatsbürgerschaft unverzichtbar sind. Industrialisierung und Urbanisierung führen zum Übergang von ländlicher zu städtischer Lebensweise und zur Herausbildung einer städtischen Kultur. Dieser Übergang geht einher mit Individualisierungsprozessen, in denen Individuen aus alten, tradierten Einbindungen herausgelöst werden. Der daraus resultierende Bedeutungsverlust partikularistischer Werte und Normen wird mit der Reintegration in die entstehenden Strukturen und Großgruppen der sich entwickelnden Industriegesellschaft beantwortet. Im Zuge der Auflösung partikularistischer Einbindungen bildet sich als neuer Kontext von Zugehörigkeit die nationale Gemeinschaft und eine nationale Identität aus. In der modernen Gesellschaft werden Privatsphäre und Öffentlichkeit voneinander geschieden, und es entsteht mit der Zivilgesellschaft jene Sphäre, in der demokratische Verhaltensformen eingeübt und ein rationaler politischer Diskurs entwickelt werden können. Sie ist von nun an der angestammte „Ort" des Bürgers.

1.3 Kennzeichen moderner Staatsbürgerschaft

Auch wenn Bürgerrechte aus der mittelalterlichen Burg stammen (Dahrendorf), sollte die Kontinuität der Bürgerschaftsvorstellungen nicht überbetont werden.

Die moderne Staatsbürgerschaft, wie wir sie heute kennen, unterscheidet sich grundlegend von ihren historischen Vorgängerinnen. Sie alle hatten einen hochgradig *exklusiven* Charakter; der Status des Bürgers war hier kein allgemeiner Status, vielmehr wurden per definitionem bestimmte Gruppen der Bevölkerung vom Status des Staatsbürgers ausgeschlossen; der Zugang zu ihm war an bestimmte Bedingungen geknüpft. Dieser *partikularistische* Anspruch vormoderner Bürgerschaftskonzeptionen ist Ausdruck der hierarchischen Organisationsstruktur dieser Gesellschaften, in denen die Ungleichheit zwischen Menschen als natürliches Charakteristikum oder als gottgegeben galt, Mitgliedschaft in einer sozialen Gemeinschaft weitgehend auf Blutsbanden und Besitz gründete und die Sozialstruktur auf der Stabilität patriarchaler Autorität beruhte. Die räumliche Einheit dieser Konzeptionen waren der *Stadtstaat* oder die *mittelalterliche Stadt*.

Im Gegensatz dazu ist das moderne Verständnis der Staatsbürgerschaft auf *Inklusion* gerichtet und schließt prinzipiell kein Mitglied einer Gesellschaft vom Status des Bürgers aus. Diesem Ideal gerecht zu werden hat sich in der Realität nicht selten als schwierig erwiesen. Der lange Ausschluss der Frauen vom Wahlrecht ist hier nur ein Beispiel. Nichtsdestoweniger erhebt die moderne Staatsbürgerschaft zum ersten Mal in der menschlichen Geschichte aber den *universalistischen* Anspruch, alle Bürger einer Gesellschaft in die Staatsbürgerrechte zu inkludieren und sie somit zu Staatsbürgern zu machen. Und dieser Anspruch sollte im Rahmen des *territorialen Nationalstaates* verwirklicht werden (siehe Abbildung 1).

Vor dem Hintergrund der Kennzeichen vormoderner Formen der Staatsbürgerschaft, der strukturellen und kulturellen Transformationsprozesse und der Charakteristika moderner Staatsbürgerschaft lassen sich wichtige, sie kennzeichnende Aspekte anführen[2] (vgl. dazu Poggi 2003, 39ff.):

Der Staat spielt für ein Verständnis des Bürgers eine zentrale Rolle. Er übt Herrschaft über seine Bürger aus, sie sind *Untertanen* und so der Macht des Staa-

Abb. 1: Kennzeichen vormoderner und moderner Staatsbürgerschaft

	Vormoderne Staatsbürgerschaft	Moderne Staatsbürgerschaft
Charakter	exklusiv	inklusivistisch
Anspruch	partikularistisch	universalistisch
Einheit	Polis, mittelalterliche Stadt	territorialer Nationalstaat

---

2 In historischer Perspektive sind die Rollen des Bürgers als Steuerzahler und als Soldat von Bedeutung. Äußerst interessante Analysen bieten Tilly (1998) und Turner (2001).

tes unterworfen. Auch in liberal-demokratischen Gesellschaften wird durch den Staat Herrschaft über das Volk ausgeübt. Es ist ein Kennzeichen des modernen Staates, seine infrastrukturelle Macht immer weiter ausgedehnt zu haben. Das ist für die Verwaltung modernern Gesellschaften einerseits unverzichtbar, andererseits steigert der Staat damit auch seine Kapazitäten für die Überwachung seiner Bürger in modernen Gesellschaften (Giddens 1985).

Bürger sind aber nicht nur der Herrschaft des Staates unterworfen. Als *Rechtssubjekte* sind sie zugleich vor staatlicher Willkür geschützt; aufgrund der Durchsetzung der Vorstellung von Volkssouveränität und des allgemeinen Wahlrechts verleihen sie als *Souverän* in Wahlen staatliche Macht; in modernen Gesellschaften sind sie als *Klienten* des Wohlfahrtsstaates schließlich vor den größten sozialen Risiken geschützt und berechtigt, Leistungen in Anspruch zu nehmen.

Bürger sind *Gleiche*. Trotz historischer und kultureller Unterschiede in der Durchsetzung nationaler Staatsbürgerrechte bedeutet die Institutionalisierung der Staatsbürgerschaft, dass durch den Status des Staatsbürgers alle Bürger zu formal Gleichen erklärt (Brinkmann 1986) und ihnen in diesem Prozess unveräußerliche Rechte zugesprochen werden.

Bürger sind *Teil einer Nation*. Die so definierte formale Zugehörigkeit von Individuen zu einem Nationalstaat (Habermas 1994, 24f.) ist für das Verständnis moderner Staatsbürgerschaft zentral. Moderne Staatsbürgerschaft ist nationale Staatsbürgerschaft. Im Zuge der Herausbildung des Nationalstaates erzeugt die Ideologie des Nationalismus eine neue Form der Identität der Bürger. Nicht mehr regionale oder lokale Zugehörigkeiten sind entscheidend, sondern die sich herausbildende nationale Identität der Staatsbürger, die neue Formen der Solidarität erzeugt.

Bürger sind *Marktsubjekte*. Die Entwicklung des Kapitalismus und die Entstehung von Märkten schaffen die Voraussetzung dafür, dass Bürger aus überkommenen Einbindungen freigesetzt werden und sich als Freie auf dem Markt als Produzenten und Konsumenten gegenüber treten können, um Verträge zu schließen.

Fasst man knapp zusammen, so lässt sich die moderne Staatsbürgerschaft als ein Bündel von Rechten und Pflichten begreifen (Andrews 1991; Grawert 1984; Turner 1997), das Individuen eine formale, legale Identität verleiht (La Torre 1995). Diese Rechte und Pflichten ergeben sich aus der Mitgliedschaft in einer sozialen Einheit (Dahrendorf 1992, 55). Durch die bürgerlichen, politischen und insbesondere sozialen Rechte, die den Status des Staatsbürgers definieren (Marshall 1992a; Dahrendorf 1994), wird eine substanziell gehaltvolle Form der Mitgliedschaft institutionalisiert (Bottomore 1994). Damit er seine Rechte wahrnehmen und seine Pflichten erfüllen kann, sind vom Bürger Autonomie, Urteilsfähigkeit und Loyalität gegenüber seinem Staat gefordert (van Steenbergen 1994a, 2).

2 Das klassische Paradigma einer Soziologie der Staatsbürgerschaft

Was will eine Soziologie der Staatsbürgerschaft? Was ist ihre Aufgabe und ihr Beitrag zum Verständnis dieser spezifisch modernen Institution? Eine generelle Antwort auf diese Fragen könnte ungefähr so lauten: Staatsbürgerschaft ist ein, wenn nicht das entscheidende Integrationsinstrument moderner Gesellschaften. Ihre Analyse gibt Aufschluss über die soziale Integration moderner Gesellschaften. Damit ist die Perspektive einer Soziologie der Staatsbürgerschaft auf die Integrationsproblematik moderner Gesellschaften gerichtet, die von Anbeginn im Zentrum soziologischer Theorie stand (Friedrichs und Jagodzinski 1998). Auf der Grundlage der Trennung von Sozial- und Systemintegration (Lockwood 1969) widmet sich Letztere der Integration der Teilsysteme moderner Gesellschaften, während Erstere der Frage nach der Zugehörigkeit von Individuen zu jeglicher Art sozialer Systeme nachgeht. Und hier, bei der Sozialintegration, liegt nicht nur das Hauptaugenmerk der theoretischen Soziologie (Schimank 2000) insgesamt, sondern auch der Fokus einer Soziologie der Staatsbürgerschaft, und das heißt: bei der Frage nach der Zugehörigkeit von Individuen zu nationalen Gemeinschaften.

Die in der zweiten Hälfte des 20. Jahrhunderts entwickelte klassische Soziologie der Staatsbürgerschaft ist untrennbar mit den Namen Thomas H. Marshall und Talcott Parsons verbunden. Beide rücken die Frage nach den Integrationsbedingungen moderner Gesellschaften ins Zentrum ihrer Arbeiten und weisen der Staatsbürgerschaft dabei eine zentrale Rolle zu. T.H. Marshall reagiert auf die gravierende soziale Ungleichheit im England der Zeit nach dem Zweiten Weltkrieg und diskutiert das Verhältnis von kapitalistischer Ökonomie und politischer Demokratie im Hinblick auf die Durchsetzung staatsbürgerlicher Rechte. Talcott Parsons hingegen fragt nach den spezifisch modernen Bedingungen der Institutionalisierung eines dynamischen Gleichgewichts zwischen Faktoren der Gleichheit und Ungleichheit durch die Staatsbürgerrechte.

Ein dritter Name muss genannt werden, wenn es um die Grundlagen einer Soziologie der Staatsbürgerschaft geht: Emile Durkheim. Er ist derjenige unter den Gründervätern der Soziologie, der der Frage nach der Bedeutung und Funktion staatsbürgerlicher Rechte das größte Interesse entgegengebracht hat. In seinen Vorlesungen „Physik der Sitten und des Rechts" (Durkheim 1991) setzt er sich mit

Fragen einer „staatsbürgerlichen Moral" auseinander und reagiert damit auf die Auswirkungen des epochalen Umbruchs zur modernen Industriegesellschaft. Aufgrund der anomischen Folgeerscheinungen einer unreguliert gebliebenen kapitalistischen Ökonomie plädiert er für eine neue Form moralischer Regulierung der Gesellschaft, in der eine staatsbürgerliche Moral neben einer familialen und einer neu zu gründenden Berufsmoral eine zentrale Rolle für den Integrationsprozess spielt.

Wenngleich Durkheim einer Soziologie der Staatsbürgerschaft die auf soziale Integration verpflichtete theoretische Perspektive vorgegeben hat, und diese, wenngleich ohne expliziten Bezug auf Durkheims Vorlesungen zur staatsbürgerlichen Moral, sowohl von T.H. Marshall als auch von Talcott Parsons übernommen worden ist, so ist sein Beitrag insgesamt doch implizit geblieben. Die folgende Rekonstruktion des klassischen Paradigmas einer Soziologie der Staatsbürgerschaft beschränkt sich deshalb auf die Arbeiten von T.H. Marshall und Talcott Parsons.

2.1 Thomas H. Marshall: Klassengesellschaft und Bürgerrechte

Thomas H. Marshalls Aufsatz „Staatsbürgerrechte und soziale Klassen" aus dem Jahr 1950 (dt. 1992a) gilt inzwischen als der klassische Text einer Soziologie der Staatsbürgerschaft (vgl. Bottomore 1981; 1992; Lockwood 1974; 1992). Es gibt vermutlich kaum eine soziologische Debatte, die so ausschließlich von einem einzigen Text ihren Ausgang genommen hat und von ihm geprägt worden ist, wie die um die Staatsbürgerschaft.

Noch bevor die Soziologie als wissenschaftliche Disziplin an der Universität Cambridge institutionalisiert wurde, hielt T.H. Marshall 1949 im Rahmen der „Marshall Lectures" den Vortrag „Citizenship and Social Class", der dem später veröffentlichten Aufsatz zugrunde lag. Es mag nicht nur an dem brisanten und auch sozialpolitisch hoch interessanten Thema gelegen haben, dass Marshall als Soziologe die Ehre zuteil wurde, zu dieser Vorlesungsreihe eingeladen zu werden. Gründe dafür dürften auch sein Verständnis von der Wissenschaftlichkeit der Soziologie und seine spezifische Art, Soziologie zu betreiben gewesen sein. Explizit machte Marshall dieses Verständnis in seiner Antrittsvorlesung „Sociology at the Crossroads", die er im Jahr 1954 an der London School of Economics hielt. Hier setzte er sich mit dem in der Soziologie der damaligen Zeit zentralen Problem des Verhältnisses von „grand theory" und Empirizismus auseinander und bezog eine eindeutige Position. „Which road is the poor lady to take?" – diese Frage nach dem Weg, den die Soziologie künftig einschlagen solle, beantwortete er mit einem Plädoyer für „stepping stones in the middle distance", den Weg zwischen den Extremen. Marshall wählte mit dieser Entscheidung eine theoretische Herangehensweise an die Analyse sozialer Strukturen und Probleme, die später von Robert K. Merton (1968) als „Theorien mittlerer Reichweite" kodifiziert wurde, und deren Wissenschaftsverständnis nahe bei jenem der Ökonomie und anderen Wissenschaften lag.

Marshalls Credo ist daher entschieden auf die soziologische Analyse klar definierter sozialer Strukturen gerichtet: „I do not recommend the way to the stars; sociologists should not, I think, expend all their energies climbing in search of vast generalizations, universal laws, and a total comprehension of human society as such. They are more likely to get there in the end if they don't try to get there now. Nor do I recommend the way into the sands of whirling facts which blow into the eyes and ears until nothing can be clearly seen or heard. But I believe there is a middle way which runs over firm ground. It leads into a country whose features are neither Gargantuan nor Lilliputian, where sociology can choose units of study of a manageable size – not society, progress, morals, and civilization, but specific social structures in which the basic processes and functions have determined meanings" (Marshall 1963, 20).

Die ihn interessierenden spezifischen sozialen Strukturen findet Marshall in den Staatsbürgerrechten und den mit ihnen korrespondierenden zentralen gesellschaftlichen Institutionen moderner Gesellschaften, insbesondere jenen des im Entstehen begriffenen Wohlfahrtsstaates.

Der Hintergrund der Analyse

Sozialer Hintergrund der Arbeiten T.H. Marshalls ist die gesellschaftliche Situation im England der Zeit nach dem Zweiten Weltkrieg. Als typische Klassengesellschaft war die englische Gesellschaft durch tiefe Klassenspaltungen, virulente Klassenkonflikte und extreme Formen sozialer Ungleichheit gekennzeichnet. Zur gleichen Zeit wurden hier mit dem Beveridge Report (1942), dem Butler Education Act (1944) sowie dem National Health Service (1946) die Grundlagen des britischen Wohlfahrtsstaates gelegt. In dieser gesellschaftlichen Situation nimmt T.H. Marshall in seinem Essay „Staatsbürgerrechte und soziale Klassen" eine These des Ökonomen Alfred Marshall zum Ausgangspunkt seiner Überlegungen über das Verhältnis von Bürgerrechten und Klassengesellschaft. Dieser hatte die Frage aufgeworfen, „ob es einen triftigen Grund für die Vermutung gibt, dass die Verbesserung der Lage der arbeitenden Klasse Grenzen hat, die sie nicht überschreiten kann." Alfred Marshall ging dabei davon aus, dass ein Prozess zu beobachten sei, „bis zuletzt, zumindest dem Beruf nach, jedermann ein Gentleman ist" (Marshall, A. 1949, 3f.). Es sei eine Folge der Verringerung einfachster und repetitiver Arbeiten, dass jene, die von dieser Entwicklung profitierten, ein Mehr an Freizeit und Bildung mehr schätzten als „bloße Lohnsteigerungen und Verbesserungen der materiellen Umstände. (...) Ihre Unabhängigkeit und mannhafte Selbstachtung wächst stetig, und damit auch die freundliche Anerkennung anderer; mehr und mehr akzeptieren sie die privaten und öffentlichen Pflichten des Staatsbürgers; sie begreifen zunehmend die Wahrheit, dass sie Menschen sind, und keine arbeitenden Maschinen. Sie werden immer mehr zu Gentlemen" (ebd., 6).

Als Ökonom akzeptierte Alfred Marshall ein recht großes Ausmaß quantitativer ökonomischer Ungleichheiten, er kritisierte jedoch die bestehenden qualitativen Unterschiede zwischen den Individuen. Neben den ökonomischen Begründungen, die er für die Rechtfertigung dieser Ungleichheiten anführte, entdeckte T.H. Marshall (1992a, 38) zugleich eine versteckte soziologische Hypothese, die er zum Ausgangspunkt seiner eigenen Überlegungen machte: „Ich denke, wir können, ohne Marshalls Überlegungen Gewalt anzutun, das Wort ‚Gentleman' durch das Wort ‚zivilisiert' ersetzen. Denn es ist unbestreitbar, dass er die in seiner Generation einem Gentleman angemessenen Lebensumstände als Maßstab eines zivilisierten Lebens ansah. Wir können noch weitergehen und sagen, dass der Anspruch aller, sich dieser Umstände zu erfreuen, ein Anspruch auf einen Anteil am gesellschaftlichen Erbe ist, und der wiederum einen Anspruch bedeutet, als volles Mitglied der Gesellschaft anerkannt zu werden, und das ist: als Staatsbürger."

T.H. Marshalls Interesse ist damit auf die Frage gerichtet, ob es eine grundsätzliche – *qualitative* – menschliche Gleichheit gibt, die in einem gemeinsamen Status aller Mitglieder einer Gesellschaft zum Ausdruck kommt, und die mit einem System – *quantitativer* – sozialer Ungleichheit vereinbar ist, oder, in Marshalls Worten: „Die Ungleichheit eines Systems sozialer Ungleichheit kann unter der Voraussetzung akzeptiert werden, daß die Gleichheit des Staatsbürgerstatus anerkannt ist" (ebd., 38) – diese Überzeugung, die Marshalls Verankerung in der Tradition des Liberalismus und des englischen Empirismus zum Ausdruck bringt, wird zur Richtschnur der Analyse der Staatsbürgerrechte.

Die Fragestellung

Angesichts der virulenten Konflikte der englischen Klassengesellschaft geht es also nicht darum, Einkommensgleichheit und die Einebnung quantitativer Unterschiede zu fordern, sondern vielmehr darum, der Frage nachzugehen, welchen Beitrag die Staatsbürgerrechte als qualitatives Element leisten, um die dem Klassensystem inhärenten zentrifugalen Kräfte einzudämmen: „Mein vorrangiges Anliegen betrifft Staatsbürgerrechte, und mein spezielles Interesse gilt ihrem Einfluss auf soziale Ungleichheit. Ich werde das Wesen sozialer Klassen nur insoweit diskutieren, als es für die Verfolgung dieser speziellen Interessen notwendig ist" (ebd., 53).

Mit diesem „vorrangigen Anliegen" und dem „speziellen Interesse", bringt Marshall seine Fragestellung auf den Punkt. Seine Analyse der Staatsbürgerrechte verfolgt nämlich zwei Perspektiven: Erstens geht es darum, zu klären, welchen Einfluss die Staatsbürgerrechte auf die soziale Ungleichheiten des Klassensystems haben; es geht nicht minder aber zweitens um die Beantwortung der Frage, welchen Beitrag die Staatsbürgerrechte zur sozialen Integration moderner Gesellschaften leisten.

Aber was genau hat es mit der Frage nach sozialer Integration und ihrem Verhältnis zur sozialen Ungleichheit in modernen Gesellschaften auf sich?

Das Spezifikum der modernen kapitalistischen Klassengesellschaft verdeutlicht Marshall anhand einer Rekonstruktion des historischen Dreischritts der Entwicklung von der vormodernen zur modernen Gesellschaft: Ausgangspunkt ist eine in Ständen geordnete Gesellschaft (Feudalismus), deren rigides Statussystem Ungleichheiten verbürgt; sie wird abgelöst durch ein reines Marktsystem (Kapitalismus), in dem der Markt neue Ungleichheiten generiert; schließlich entwickelt sich ein neues Statussystem (Kapitalismus und Staatsbürgerschaft), in dem der einzige, neue Status des Staatsbürgers alle Bürger zu formal Gleichen erklärt (vgl. Lockwood 1974, 365f.). Dieser historische Prozess führt Marshall zu der grundlegenden Beobachtung, dass sich in modernen Gesellschaften zwei einander widersprechende Strukturprinzipien nebeneinander entwickeln: zum einen das ungleichheitserzeugende ökonomische System des Kapitalismus und zum anderen das auf Gleichheit zielende System der Staatsbürgerrechte. Ihr Verhältnis ist freilich erklärungsbedürftig, denn es steht außer Frage, „daß im zwanzigsten Jahrhundert Staatsbürgerrechte und kapitalistisches Klassensystem miteinander im Krieg liegen" (Marshall 1992a, 54). Wie, so lautet deshalb Marshalls Frage, tragen diese zu gleicher Zeit sich herausbildenden Strukturprinzipien der modernen Gesellschaft zum Gelingen sozialer Integration bei, ohne dass dabei von ihrem konfliktfreien Ineinandergreifen ausgegangen werden könnte?

Um diese Frage zu klären, rekonstruiert Marshall zunächst die historische Entwicklung der staatsbürgerlichen Rechte und fragt dann sowohl nach ihrem Einfluss auf die Erscheinungsformen sozialer Ungleichheit als auch nach ihrem Beitrag zur gesellschaftlichen Integration.

Staatsbürgerrechte und gesellschaftliche Institutionen

Bereits auf frühen Stufen gesellschaftlicher Entwicklung lassen sich die sozialen Beziehungen in Gesellschaften als Rechtsverhältnisse begreifen. Marshall zeigt am Beispiel Englands, wie diese Rechte in einer traditionalen Gesellschaft noch unauflöslich miteinander verbunden waren; ab dem 12. Jahrhundert zeigt sich dann aber, dass sich dieses Bündel von Rechten im Prozess gesellschaftlicher Differenzierung auseinander zu entwickeln beginnt und die einzelnen Rechte sich schließlich mit spezifischen gesellschaftlichen Institutionen verbinden. Mit dem im Zuge der Großen Transformation sich entwickelnden neuen gesellschaftlichen System und der Institutionalisierung bürgerlicher Rechte setzt sich die Verrechtlichung der Sozialbeziehungen schließlich durch. Hier entsteht zunächst das reine Marktsystem des Kapitalismus, und an diesem Punkt setzt Marshalls historische Analyse ein:

Bürgerliche Rechte entstehen im 18. Jahrhundert. Mit dem Recht auf Eigentum, der Freiheit, gültige Verträge abzuschließen und dem Recht auf ein Gerichtsverfahren sowie den später von John Stuart Mill ([1859] 1988) formulierten persönlichen Freiheitsrechten sind die Institutionen der Gerichtshöfe verbunden, denn die bürgerlichen Rechte müssen vor Gericht einklagbar sein und durchgesetzt werden können.

Politische Rechte, die sich schrittweise im 19. Jahrhundert etablieren, eröffnen allen Mitgliedern einer Gesellschaft die Chance auf Teilhabe an der politischen Herrschaft. Das Wahlrecht verbürgt das Recht auf die Teilnahme am Gebrauch politischer Macht, d.h. die Teilnahme an Wahlen, und zugleich wird das Recht garantiert, für ein politisches Amt wählbar zu sein.[3] Die mit den politischen Rechten verbundenen Institutionen sind Parlamente und Gemeinderäte.

Soziale Rechte sind die jüngste Rechtsform, und sie entstehen schließlich im 20. Jahrhundert. Sie umfassen all jene Rechte, die ein Mindestmaß an wirtschaftlicher Wohlfahrt und sozialer Sicherheit verbürgen, wie das Recht auf vollen Anteil am gesellschaftlichen Erbe, auf ein zivilisiertes Leben entsprechend der herrschenden gesellschaftlichen Standards. Es sind die im 20. Jahrhundert entstehenden Institutionen des Wohlfahrtsstaates, insbesondere jene des Erziehungswesens und der sozialen Dienste, die die rechtlich verankerten Leistungen des wohlfahrtsstaatlichen Systems erbringen (siehe Abbildung 2).

Marshalls Periodisierung beschreibt jedoch nicht lediglich die evolutionäre Entwicklung und funktionale Differenzierung unterschiedlicher Rechtsformen. Mit der Vorstellung eines über eine Phase von drei Jahrhunderten sich vollziehenden Prozesses der Durchsetzung des Staatsbürgerstatus greift er vielmehr den universalistischen Anspruch moderner Staatsbürgerschaft auf und wendet ihn soziologisch. Dieser Anspruch kommt so in einem *inklusivistischen Selbstverständnis* moderner Staatsbürgerschaft zum Ausdruck, mit dem zwei Annahmen einher-

---

3   Wie die späte Errungenschaft des Frauenwahlrechts zeigt, erfolgte die Durchsetzung politischer Rechte nicht für alle Bürger gleichzeitig.

Abb. 2: Dimensionen des Staatsbürgerstatus

	Staatsbürgerstatus		
Historische Phase	**Rechtsformen**	**Rechtsinhalt**	**Institutionen**
18. Jahrhundert	Bürgerliche Rechte	Redefreiheit, Gedanken- und Glaubensfreiheit, Freiheit des Eigentums, Vertragsfreiheit, Recht auf ein Gerichtsverfahren	Gerichte
19. Jahrhundert	Politische Rechte	Politische Partizipation; Wahlrecht, Wählbarkeit	Parlamente
20. Jahrhundert	Soziale Rechte	Bildung, Gesundheit, Wohlfahrt	Institutionen des Wohlfahrtsstaates

gehen: zum einen die Inklusion immer neuer gesellschaftlicher Gruppen in die bestehenden staatsbürgerlichen Rechte; zum anderen aber auch die sukzessive Anreicherung des Staatsbürgerstatus mit immer neuen Rechten. Die Vorstellung, dass alle Bürger einer Nation durch die bürgerlichen, politischen und sozialen Rechte zu formal Gleichen werden, wird damit als notwendiger Prozess begriffen, als ein Telos, auf das hin die Entwicklung der Staatsbürgerschaft gerichtet scheint (vgl. Parry 1991).

Der Einfluss bürgerlicher und politischer Rechte auf Ungleichheit

Die Diskussion um die Folgen der Industriellen und Französischen Revolution im vorangehenden Kapitel hat bereits deutlich gemacht, dass die Entfaltung des kapitalistischen Systems sowohl den Zusammenbruch der feudalen Ordnung und die Auflösung eines traditionalen Statussystems voraussetzt, wie auch die umfassende Freisetzung der Individuen aus feudalen Bindungen. Sollen sich Kapitalist und der doppelt freie Lohnarbeiter auf den neu entstehenden Märkten und insbesondere dem Arbeitsmarkt beggegnen können, so ist die Entwicklung negativer Freiheitsrechte, aus denen der Kern der bürgerlichen Rechte besteht, unverzichtbar. Sie „gaben jedem Mann als Teil seines individuellen Status die Macht, sich als selbständige Einheit am wirtschaftlichen Kampf zu beteiligen" (Marshall 1992a, 56f.). Die bürgerlichen Freiheitsrechte schaffen damit erst die Voraussetzungen für das neu entstehende kapitalistische System sozialer Ungleichheit; sie haben keinen Einfluss auf die Verringerung der durch dieses System entstehenden Ungleichheiten.

Die Verankerung *politischer Rechte* stellt hingegen eine große Gefahr für das kapitalistische System dar, denn durch ihre Ausdehnung auf die unteren Bevölkerungsschichten entsteht die prinzipielle Möglichkeit, die Ungleichheit der Klassengesellschaft zum Gegenstand politischer Auseinandersetzungen zu machen. Dass die arbeitende Bevölkerung über lange Zeit jedoch politisch schwach blieb, führt Marshall darauf zurück, dass neue Organisationsformen für die politische Durchsetzung eigener Ansprüche erst entwickelt und erlernt werden mussten. Bevor sozialistische oder sozialdemokratische Parteien diese Aufgabe übernahmen, erkämpfte die Gewerkschaftsbewegung die Verbesserung des sozialen und wirtschaftlichen Status der Arbeiter deshalb auf der Grundlage bürgerlicher Freiheitsrechte. Als wichtigste Errungenschaft ihrer politischen Macht kann die Durchsetzung der Anerkennung des Rechts auf Tarifverhandlungen gelten. „Das bedeutete, daß sozialer Fortschritt über die Stärkung von Freiheitsrechten gesucht wurde, nicht über die Schaffung sozialer Rechte, sondern durch den Gebrauch von Verträgen in einem offenen Markt, und nicht durch Mindestlöhne und soziale Sicherheit" (ebd., 63). Die Gewerkschaftsbewegung schuf damit „ein zweites System wirtschaftlicher Staatsbürgerrechte (...), parallel und ergänzend zum System politischer Staatsbürgerrechte" (ebd., 64).

Der Einfluss sozialer Rechte auf soziale Ungleichheit

Im Gegensatz zu bürgerlichen und frühen Formen politischer Rechte zielt die Durchsetzung sozialer Rechte unmittelbar auf die Umverteilung gesellschaftlichen Reichtums und die Beschneidung der Privilegien der herrschenden Klasse. Sie stellen damit die Legitimität extremer Erscheinungsformen sozialer Ungleichheit als Resultat der kapitalistischen Ökonomie in Frage. Diese neue, und nach Marshall letzte Phase der Entwicklung der Staatsbürgerrechte bringt schließlich die entscheidenden Fortschritte in der Durchsetzung der egalitären Prinzipien des Staatsbürgerstatus. Sie markiert einen Prozess, in dem sich die soziale Integration von der Sphäre des Gefühls und des Patriotismus einer nationalen Gemeinschaft mit gemeinsamem kulturellen Erbe in die Sphäre materieller Teilhabe auszudehnen beginnt (ebd., 66).

Die Umverteilung gesellschaftlichen Reichtums ist dazu unerlässlich, und die Durchsetzung eines industriellen Systems der Massenproduktion in der Nachkriegszeit galt Marshall als unverzichtbare Voraussetzung für die Gewährleistung materieller Teilhabe aller am gesellschaftlichen Reichtum. Die Ansprüche auf Umverteilung gesellschaftlicher Güter, die Bürger aufgrund ihrer sozialen Rechte geltend machen können, sind in Marshalls Ansatz von zentraler Bedeutung (vgl. Barbalet 1988, 92), denn sie verändern nicht nur das gesamte Ungleichheitsgefüge kapitalistischer Klassengesellschaften grundlegend, indem sie illegitime Ungleichheiten beseitigen und so egalisierende Wirkung entfalten; vielmehr erkannte Marshall, dass die sozialen Rechte für den Staatsbürgerstatus auch und vor allem deshalb entscheidend sind, weil erst die durch sie erzielte Umverteilung und Partizipation aller Bürger an der materiellen Kultur einer Gesellschaft die Grundvoraussetzungen schafft, dass diese ihre bürgerlichen und politischen Rechte effektiv in Anspruch nehmen können.

Die Beseitigung illegitimer Ungleichheiten durch die sozialen Rechte erklärt gleichwohl noch nicht, wie soziale Rechte tatsächlich zur sozialen Integration kapitalistischer Klassengesellschaften beitragen. Auch hier muss der Beitrag der einzelnen Rechtsformen getrennt untersucht werden.

Der Beitrag staatsbürgerlicher Rechte zur gesellschaftlichen Integration

Bereits die bürgerlichen und politischen Rechte sind für den Prozess gesellschaftlicher Integration von Bedeutung, denn sie schaffen wichtige Voraussetzungen, und dies in zweifacher Hinsicht: zum einen eröffnen sie die Perspektive hin zu einer egalitären Politik und ermöglichen die Vorstellung gleichen sozialen Werts aller Individuen, zum anderen sind sie nach dem Zusammenbruch des Feudalismus wichtiger Bestandteil des Integrationsprozesses der entstehenden nationalen Gemeinschaft, denn der „Staatsbürgerstatus setzt eine Bindung anderer Art voraus, ein unmittelbares Gefühl der Mitgliedschaft in einer Gemeinschaft auf der Grundlage von Loyalität gegenüber einer Kultur, die von allen geteilt wird. Es ist die Loyalität freier Menschen, die mit Rechten ausgestattet sind und durch ein gemeinsames Recht geschützt werden" (Marshall 1992a, 62). Diese Loyalität einer Bürgergemeinde, deren Mitglieder als formal Gleiche definiert werden, kommt in einem erwachenden Patriotismus, einem zunehmenden Nationalbewusstsein und der Fiktion eines gemeinsamen nationalen Erbes zum Ausdruck.

Entscheidend für den Integrationsprozess sind vor diesem Hintergrund jedoch die sozialen Rechte. Während bereits die Ansprüche auf Umverteilung und die Institutionen primärer und sekundärer Distribution ihren Beitrag zur gesellschaftlichen Integration leisten (vgl. Roche 1992; Turner 1986; 1997), entwickelt Marshall doch ein spezifisch liberales Modell gesellschaftlicher Integration, das auf einem Spannungsverhältnis zwischen dem qualitativen Element der Gleichheit – dem Staatsbürgerstatus – und dem Fortbestehen des quantitativen Elements in Form legitimer sozialer Ungleichheiten beruht.

Die liberale Perspektive: Statusgleichheit und legitime Ungleichheit

Mit der Umverteilung gesellschaftlichen Reichtums ist nur eine der Konsequenzen benannt, die mit der Institutionalisierung sozialer Staatsbürgerrechte einhergehen. Marshalls liberales Credo kommt in der Feststellung zum Ausdruck, dass eine Gesellschaft demokratische Freiheiten nicht bewahren könne, ohne gleichzeitig einen weiten Bereich wirtschaftlicher Freiheiten zu gewährleisten. Damit verteidigt Marshall einerseits die Bedeutung eines *formalen Status der Gleichheit*, andererseits aber auch die *Legitimität realer sozialer Ungleichheit*. Erneut zeigt sich hier, dass die Ausdehnung sozialer Einrichtungen nicht in erster Linie dazu dient, absolute Gleichheit herzustellen, sondern vielmehr allen Bürgern die Teilnahme an einem zivilisierten Leben ermöglichen soll: „Die Gleichstellung geschieht weniger zwischen Klassen als vielmehr zwischen den Individuen einer Bevölkerung, die jetzt für diesen Zweck so behandelt werden, als seien sie eine Klasse. Statusgleichheit ist wichtiger als Einkommensgleichheit" (Marshall 1992a, 73). Marshall richtet das Augenmerk deshalb viel stärker auf soziale Gerechtigkeit, als auf völlige Gleichheit zwischen den Bürgern einer Gesellschaft: „Wir zielen nicht auf absolute Gleichheit. Es gibt in dieser egalitären Bewegung eingebaute Grenzen. Die Bewegung ist aber eine doppelte. Sie wirkt teilweise durch Staatsbürgerrechte und teilweise durch das Wirtschaftssystem. In beiden Fällen ist das Ziel die Entfernung von Ungleichheiten, die nicht als legitim gelten können. Der Maßstab der Legitimität ist allerdings jeweils ein anderer. In dem ersteren ist es der Maßstab sozialer Gerechtigkeit, im letzteren ist es soziale Gerechtigkeit kombiniert mit wirtschaftlicher Notwendigkeit" (ebd., 88). Zum entscheidenden Kriterium für eine gerechte und dynamische Gesellschaft wird damit die Legitimität sozialer Ungleichheiten. Wann aber lassen sich Ungleichheiten als legitim begreifen? Was verleiht Ungleichheiten, in Marshalls Worten, den „Stempel der Legitimität"?

Soziale Rechte als „Architekten sozialer Ungleichheit"

Die Begründung dieser Legitimität führt direkt zum Beitrag sozialer Rechte zur sozialen Integration moderner Gesellschaften. Marshall behauptet, dass soziale Rechte selbst zu „Architekten sozialer Ungleichheit" werden, und auch hier macht er ein zentrales liberales Argument geltend, denn als den entscheidenden Faktor bei der Herstellung legitimer sozialer Ungleichheiten sieht er das soziale Recht auf Bildung. Die zentrale Behauptung lautet, dass auf der Grundlage einer dynamischen Marktwirtschaft die Verknüpfung der Bildung mit der Erwerbstätigkeit in modernen Gesellschaften den Anspruch auf eine berufliche Stellung auf entsprechend hohem Niveau verbürgt (ebd., 79). Ein immer differenzierteres und hohe

Anforderungen an professionelle Fähigkeiten stellendes Berufssystem erzeugt einen Prozess der Selektion und Mobilität im Bildungswesen und generiert damit soziale Ungleichheit. Die Legitimität, die Marshall diesem Prozess zuspricht, beruht auf zwei grundlegenden Bedingungen: zum einen in der liberalen Überzeugung, dass im Bildungswesen Chancengleichheit besteht, zum anderen in der modernisierungstheoretischen Überzeugung, dass die durch die Herkunft des Einzelnen bestehenden vererbbaren Privilegien durch individuell erworbene Bildung vollständig an Bedeutung verlieren werden.

Fasst man Marshalls Annahmen zusammen, so wird der integrative Charakter sozialer Staatsbürgerrechte deutlich: Durch die Beziehungen, die zwischen Bildung und Beschäftigungsstruktur bestehen, fungieren Staatsbürgerrechte zwar als Instrument sozialer Schichtung; diese Konsequenzen sind jedoch begrüßenswert, denn unter der Bedingung von Chancengleichheit hat jedes Individuum die gleiche Chance, über das Bildungssystem einen entsprechenden Platz in der gesellschaftlichen Statushierarchie zu erreichen. Der Einzelne ist aufgefordert, durch individuelle Anstrengungen einen entsprechenden Platz zu erwerben. Nicht mehr Zuschreibung aufgrund familialer Bande, sondern individueller Erwerb garantieren, dass der „durch Bildung erlangte Status, der in die Welt hinaus getragen wird, (…) den Stempel der Legitimität (trägt), weil er durch eine Institution verliehen wird, die eingerichtet wurde, dem Bürger seine ihm zustehenden Rechte zu erfüllen" (ebd., 81).

In einer funktionierenden Marktwirtschaft kommt den sozialen Staatsbürgerrechten damit nicht nur die Aufgabe zu, die zentrifugalen Kräfte der kapitalistischen Klassengesellschaft durch die Umverteilung gesellschaftlichen Reichtums zu bändigen; ihre integrierende Kraft entfalten sie vor allem durch ein ausgebautes Bildungssystem, auf dessen Grundlage das Recht auf Bildung die illegitimen Ungleichheiten einer Klassengesellschaft in ein legitime Ungleichheiten erzeugendes System sozialer Schichtung überführt.

Marshall war sich vollständig bewusst, dass die kapitalistische Marktwirtschaft die Ursache sozialer Ungleichheit und Ungerechtigkeit ist und sie damit ein Problem für die gesellschaftliche Integration darstellt. Sein Lösungsvorschlag lässt sich deshalb als Gegenentwurf zur Marx'schen Revolutionsperspektive begreifen. Marx hatte in der „Judenfrage" (Marx [1844] 1988) zwar die Durchsetzung staatsbürgerlicher Rechte begrüßt, letztlich galten sie ihm aber als bürgerlicher Schein. Die Befreiung vom Ungleichheitssystem des Kapitalismus und die Verwirklichung der Gleichheit aller Individuen waren für ihn nur durch die sozialistische Revolution und damit durch eine radikale Reorganisation des kapitalistischen Gesellschaftssystems zu erreichen. Marshall stellt dieser *Revolutionsperspektive* eine *Reformperspektive* entgegen: Die Institution, mit der sich die sozialen Rechte der Bürger verbinden, und der Marshall deshalb die Aufgabe zuweist, das Verhältnis zwischen politischer Demokratie und kapitalistischer Ökonomie zu regulieren, ist der entstehende Wohlfahrtsstaat der Nachkriegszeit. „Die Schaffung einer Mischwirtschaft und die Entwicklung des Wohlfahrtsstaates sind Prozesse, in denen (...) der Kapitalismus soweit zivilisiert wurde, um mit der Demokratie koexistieren zu können" (Marshall 1992c, 145; vgl. 1992b). Der „Zivilisationsprozess des Kapitalismus" über die Institutionalisierung des Wohlfahrtsstaates hebt den Widerspruch zwischen Staatsbürgerschaft und sozialer Klasse nicht auf. Vielmehr bleibt die prekäre Balance des Spannungsverhältnisses von gemischter Wirtschaft, wohlfahrtsstaatlichen Institutionen und liberaler Demokratie bestehen. Und hier liegt das Besondere an Marshalls Modell: Staatsbürgerschaft wird nicht mit Integration gleichgesetzt; soziale Integration wird vielmehr als immer vorläufig begriffen, als auf Zeit gestellt und nie vollständig erreichbar. Die entscheidende soziologische Einsicht dieser Vorstellung besteht darin, dass für Marshall der Konflikt zwischen kapitalistischer Klassengesellschaft und dem System der Staatsbürgerrechte den Normalzustand moderner Gesellschaften darstellt (Turner 1986).

2.1.1 Zentrale Aspekte der Analyse

Mit seiner Analyse des Verhältnisses von Staatsbürgerschaft und sozialen Klassen hat T.H. Marshall die Grundlagen einer Soziologie der Staatsbürgerschaft gelegt. Er hat damit die Perspektive für die weitere Entwicklung eines genuin soziologischen Verständnisses der Struktur und Funktionsweise moderner Staatsbürgerschaft vorgegeben. Die entscheidenden Einsichten lassen sich in sieben Punkten zusammenfassen:

Erstens ist die Analyse in theoretischer Perspektive auf das Problem der *sozialen Integration* moderner Gesellschaften gerichtet. Entscheidend ist hierbei, dass Marshall den konflikthaften Charakter des Verhältnisses von Klassengesellschaft und Bürgerrechten in den Mittelpunkt rückt. Es ist sein Verdienst, gezeigt zu haben, dass sich das ungleichheitserzeugende ökonomische System des Kapitalismus und das gleichheitsverbürgende System der Bürgerrechte parallel entwickeln und die Klärung ihres Verhältnisses Aufschluss über die Integration moderner Gesellschaften geben kann. Da diese beiden Strukturprinzipien zumindest im 20. Jahrhundert miteinander im Krieg liegen, bleibt für Marshall gesellschaftliche Integration immer prekär und Gegenstand gesellschaftlicher Auseinandersetzungen (vgl. Lockwood 1992; Turner 1986).

Zweitens sieht Marshall, im Gegensatz zu politischen Theorien, nicht in der politischen Partizipation der Bürger den entscheidenden Integrationsmechanismus, sondern in der Partizipation aller Bürger an der *materiellen Kultur* einer Gesellschaft. Allerdings bedeutet das nicht, dass die über die Institutionen des Wohlfahrtsstaates erfolgende Umverteilung für diesen Integrationsprozess entscheidend ist; sie soll lediglich die schlimmsten Erscheinungen sozialer Ungleichheit beheben, die die soziale Integration bedrohen. Das entscheidende Moment, das allen Bürgern und Bürgerinnen die Teilhabe an den materiellen Gütern einer Gesellschaft sichern soll, ist vielmehr deren Partizipation am Bildungswesen der Gesellschaft. Es ist Marshalls liberale Überzeugung, dass die durch den Staat garantierte Chancengleichheit im Bildungswesen zum Transmissionsriemen des Integrationsprozesses werden kann. Bildungsabschlüsse sind das Eintrittsticket in ein diversifiziertes Berufssystem, das dann legitime Unterschiede in der Entlohnung verbürgt.

Drittens bietet Marshalls historische Analyse eine *implizite Theorie sozialen Wandels*. Diese entwickelt er mit einem Dreischritt, in dem er den Übergang von einem soziale Ungleichheiten fixierenden Statussystem (Feudalismus) über ein neue Ungleichheiten erzeugendes reines Marktsystem (Kapitalismus) hin zu einem neuen Statussystem nachzeichnet, in dem nur noch der einzige, Gleichheit institutionalisierende Status des Staatsbürgers besteht.

Viertens besteht der Vorzug dieser Analyse darin, dass Marshall einen systematischen Zugang zum Verhältnis zwischen den verschiedenen Elementen der Staatsbürgerschaft und der Klassenstruktur sowie der daraus sich ergebenden Bedeutung für ein Verständnis heutiger Gesellschaften entwickelt. Mit diesem Schritt lässt Marshall eine klassentheoretische Verengung der Analyse hinter sich und leistet zugleich einen wichtigen Beitrag zur *Analyse sozialer Schichtung in modernen Gesellschaften* (vgl. Bendix 1960; Dahrendorf 1987; Lockwood 1974).

Fünftens rückt Marshall das Verhältnis von Staat und Bürger in den Mittelpunkt und weist mit Nachdruck auf die Bedeutung individueller Rechte für die Ausdehnung persönlicher Ansprüche gegen den Staat sowie den Schutz vor ihm hin. Es ist der formale Status rechtlicher Gleichheit, der in Marshalls Konzept zur entscheidenden und unverzichtbaren Grundlage langfristigen Wandels gesellschaftlicher Strukturen und systemimmanenter Transformation wird. Damit lehnt Marshall jegliche Vorstellung der revolutionären Umgestaltung der kapitalistischen Gesellschaft ab. Seine Perspektive setzt auf die Reform des dynamischen, wenngleich Ungleichheiten erzeugenden ökonomischen Systems durch die sukzessive Anreicherung des Staatsbürgerstatus.

Sechstens trägt Marshall durch die Betonung der Auseinandersetzungen um legitime Rechtsansprüche der Bürger der historischen Entwicklung einer *Verschiebung von Pflichten zu Rechten* Rechnung. Gleichwohl bemerkt er, dass Pflichten als Pendant zu Rechten nicht vernachlässigt werden dürfen (Barbalet 1988; Janowitz 1980). Allerdings bleibt er der Wirkungskraft wechselseitiger Verpflichtungen in modernen Gesellschaften gegenüber skeptisch, und er begreift diese deshalb viel eher als Rechtsgemeinschaften denn als kommunitäre, mit starken Loyalitätsbeziehungen ausgestattete Gemeinwesen.

Schließlich bietet Marshall auf der Grundlage der gesellschaftlichen Entwicklung Großbritanniens eine historisch gesättigte *Analyse des institutionellen Gefüges* der britischen Nachkriegsgesellschaft, welches sich auch in den anderen westlichen liberal-demokratischen Gesellschaften weitgehend durchgesetzt hat. In diesem Prozess zeigt sich, dass die Institutionalisierung der Staatsbürgerrechte, und vor allem der sozialen Staatsbürgerrechte, als neues gesellschaftliches System den demokratischen, wohlfahrtsstaatlichen Kapitalismus hervorbringt (vgl. Halsey 1984). Der Wohlfahrtsstaat wird zum allgemeinen Strukturmerkmal westlicher Industriegesellschaften.

Die Zusammenfassung der zentralen Aspekte des Ansatzes von T.H. Marshall zeigt, dass seine Analyse auf die Frage nach den Bedingungen gesellschaftlicher Integration in modernen Gesellschaften gerichtet ist. Das Spannungsverhältnis zwischen formaler Gleichheit und legitimer sozialer Ungleichheit ist das entscheidende Moment seines Ansatzes. Dieses Verhältnis hat Talcott Parsons folgerichtig zum Dreh- und Angelpunkt seiner an Marshall anschließenden Analyse der Struktur und Funktionsweise moderner Staatsbürgerschaft gemacht. Parsons erweitert dabei nicht nur Marshalls Konzept, indem er die kulturellern Rechte aus den sozialen Rechten herauslöst und damit auf ihre Bedeutung hinweist; er präzisiert vielmehr das Spannungsverhältnis zwischen Faktoren der Gleichheit und Ungleichheit und trägt damit entscheidend zum Verständnis des integrativen Charakters der Staatsbürgerschaft bei.

2.2 Talcott Parsons: Struktur und Funktionsweise moderner Staatsbürgerschaft

Parsons widmet sich Fragen und Problemen der Staatsbürgerschaft im Kontext seiner soziokulturellen Evolutionstheorie (Parsons 1966a+b; 1977a; 1985). Wir haben es hier mit der Vorstellung zu tun, dass sich in einem langfristigen Prozess gesellschaftlichen Wandels die Bedingungen sozialer Integration grundlegend ändern. Parsons geht es deshalb darum, zu klären, welche Konsequenzen sich im Zuge der gesellschaftlichen Entwicklung für die Struktur und Funktionsweise sozialer Integration ergeben.

Der Ausgangspunkt der Analyse besteht in der Annahme, dass alle Gesellschaften eine spezifische *Balance von Faktoren der Gleichheit und Ungleichheit* institutionalisieren. Das geschieht auf sehr unterschiedliche Weise, doch in modernen Gesellschaften, so Parsons, kommt die zentrale Aufgabe, dieses Gleichgewicht zu institutionalisieren und so das Integrationsproblem zu lösen, den Staatsbürgerrechten zu.

Wie bei Marshall steht damit auch für Talcott Parsons die Frage nach der Integration der modernen Gesellschaft im Zentrum der Auseinandersetzung mit der Problematik der Staatsbürgerschaft. Gemeinsam ist beiden die Annahme, dass in modernen Gesellschaften die grundsätzliche Gleichheit der Gesellschaftsmitglieder durch den einen und allgemeinen Status des Staatsbürgers verbürgt ist, allerdings verändert Parsons die Stoßrichtung der Analyse, denn im Gegensatz zu Marshall, der den nicht lösbaren Konflikt zwischen Kapitalismus und Demokratie betont, begreift Parsons Integration als *dynamischen Gleichgewichtszustand*, der durch die Institutionalisierung der Staatsbürgerschaft erreicht wird (vgl. Parsons 1976).

Parsons' Analyse der Struktur und Funktionsweise moderner Staatsbürgerrechte ist sehr voraussetzungsvoll. Sie lässt sich nachvollziehen, indem man vier Schritte unterscheidet:

Erstens geht es um die Funktionsbestimmung moderner Staatsbürgerrechte, deren integrative Funktion sich im Zuge des Strukturwandels der gesellschaftlichen Gemeinschaft herausbildet; zweitens müssen die sich daraus ergebenden neuen gesellschaftlichen Bedingungen der Institutionalisierung von Gleichheit und Ungleichheit in modernen Gesellschaften identifiziert werden; drittens geht es um die Analyse des „Doppelcharakters moderner Staatsbürgerrechte", d.h. der spezifischen Funktionsweise moderner Staatsbürgerrechte und damit um die Frage, wie sie Statusgleichheit und reale Ungleichheit institutionalisieren. Viertens schließlich muss gezeigt werden, wie Parsons auf dieser Grundlage die Inklusion von Individuen in die gesellschaftliche Gemeinschaft konzeptualisiert.

Der Strukturwandel der gesellschaftlichen Gemeinschaft

Die integrativen Probleme der modernen Gesellschaft sind Folge des tief greifenden Strukturwandels der gesellschaftlichen Gemeinschaft (societal community), der sich im Zuge der Transformation von vormodernen zu modernen Gesellschaften vollzieht. Um diese Prozesse nachvollziehen zu können und die Funktion der Staatsbürgerrechte in der gesellschaftlichen Gemeinschaft klären zu können, wählt Parsons einen analytischen Zugriff. Er legt der Diskussion das Vierfunktionen- bzw. AGIL-Schema zugrunde (vgl. Parsons, Bales und Shils 1953), dessen Grundannahme darin besteht, dass jedes System vier Funktionen – Adaptation, Goal Attainment, Integration und Latent-Pattern Maintenance – erfüllen muss, um sein Überleben sicherzustellen.

Auf abstraktester Ebene lässt sich das Allgemeine Handlungssystem in die Subsysteme Behavioral Organism (A), Personality (G); Social System (I) und Cultural System (L) differenzieren. Dem Gesellschaftssystem (Social System) kommt auf dieser Ebene als Subsystem integrative Funktion zu. Differenziert man das Gesellschaftssystem selbst in seine vier Funktionen und begibt sich somit analytisch eine Ebene tiefer, so lassen sich seine funktionalen Subsysteme definieren: Für das Gesellschaftssystem erbringt die Ökonomie die Anpassungsleistung (A), die Politik hat die Aufgabe der Zielerreichung (G), der gesellschaftlichen Gemeinschaft kommt die Integrationsfunktion (I) zu, die Kultur schließlich muss die Erhaltung der Wertmuster (L) garantieren.

Fragt man im Rahmen dieses Systems nach der Funktion der Staatsbürgerrechte, so muss man erneut eine analytische Ebene tiefer gehen und nach den vier Funktionen fragen, die das Subsystem der gesellschaftlichen Gemeinschaft – das integrative Subsystem der Gesellschaft – erfüllen muss. Und hier sind wir bei den Aufgaben der Staatsbürgerrechte – genauer gesagt: die einzelnen Staatsbürgerrechte werden zu funktionalen Subsystemen der gesellschaftlichen Gemeinschaft. Soziale und ökonomische Rechte[4] übernehmen die adaptive Funktion (A), politische Rechte sichern Zielerreichung (G), kulturelle Rechte übernehmen integrative Funktion (I), während bürgerliche Rechte die Aufrechterhaltung von Wertmustern garantieren (L) (siehe Abbildung 3).

Parsons begreift die Transformation der gesellschaftlichen Gemeinschaft als Resultat der historischen Umbrüche der Industriellen, Demokratischen und der kulturellen bzw. Bildungsrevolution. Sie bewirken einerseits, dass sich die funktionalen Subsysteme des Gesellschaftssystems auseinanderentwickeln, andererseits aber auch, dass es im Zuge der Entstehung moderner Gesellschaften zu einem grundlegenden Strukturwandel des integrativen Subsystems der Gesellschaft kommt, um den neuen integrativen Anforderungen gerecht werden zu können.

Die Industrielle Revolution und die Herausbildung eines kapitalistischen Wirtschaftssystems führen zur Differenzierung zwischen Wirtschaft und politischer Herrschaft (Parsons 1969, Kap. 17). Im Zuge der Demokratischen Revolution vollzieht sich die Differenzierung von ziviler Gesellschaft, Ökonomie und politischem System (vgl. Parsons 1967). Parsons spricht schließlich der Bildungsrevolution, der Durchsetzung der Elementarbildung seit dem 19. Jahrhundert und der stetigen Ausdehnung weiterführender Bildung bis hin zur universitären Ausbildung die gleiche Bedeutung zu wie der Industriellen und Demokratischen Revolution. Sie führt zur Trennung von gesellschaftlicher Gemeinschaft und Kultur (siehe Abbildung 4).

Diese revolutionären Umgestaltungen der Großen Transformation haben weit reichende Konsequenzen: Die initiierten Differenzierungsprozesse steigern zwar die Anpassungsfähigkeit des gesellschaftlichen Systems an seine Umwelt, doch daraus resultieren neue Anforderungen an das integrative Subsystem der gesellschaftlichen Gemeinschaft. Um diesen Anforderungen entsprechen zu können,

---

4   Parsons (1977a, 336ff.) gebraucht die Begriffe soziale und ökonomische Rechte, klärt aber nicht, dass sie eine einzige Dimension staatsbürgerlicher Rechte darstellen.

Abb. 3: Die funktionalen Subsysteme der Gesellschaft

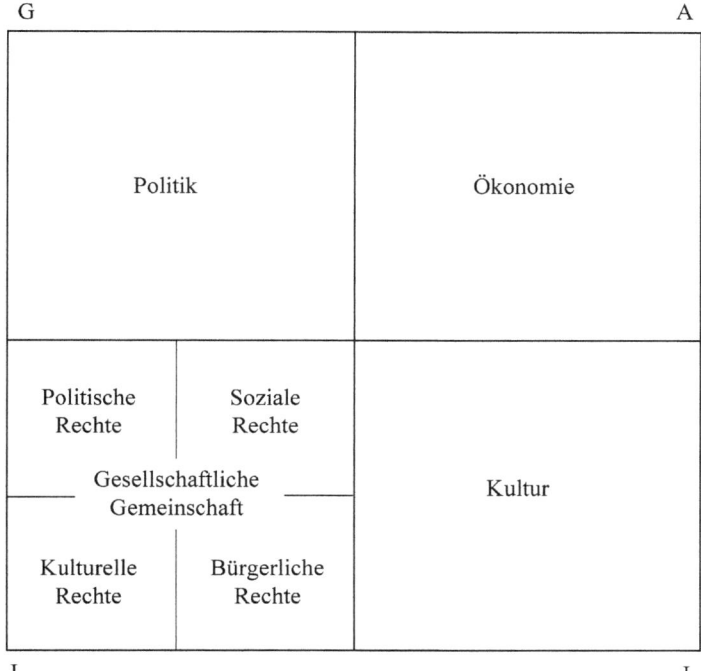

bildet sich als deren Kern mit der Staatsbürgerschaft ein einziger, allgemeiner Status der Mitglieder heraus: „Die moderne Gesellschaft ist nicht nur durch die vollständige Auflösung dieser gesellschaftlichen Gemeinschaft (vormoderner Gesellschaften – J.M.) im Zuge der Ausdifferenzierung von Funktionssystemen gekennzeichnet, sondern durch die gleichzeitige Entwicklung einer freien Bürgergemeinschaft (citizenship) als [solidarischem] Kern einer äußerst differenzierten und pluralistischen Gesellschaft" (Münch 1995, 18). Mit der Durchsetzung der Staatsbürgerschaft in modernen Gesellschaften ersetzt der Status des Bürgers jenen des Untertanen (Parsons 1969, 50). Das integrative Subsystem wird damit auf eine völlig neue Basis gestellt wird, wodurch sich der Modus der Integration der gesellschaftlichen Gemeinschaft grundlegend verändert.

Fasst man diese Rekonstruktion des Strukturwandels der gesellschaftlichen Gemeinschaft zusammen, so sind zwei Aspekte entscheidend: zum einen haben

Abb. 4: Die Trennung funktionaler Subsysteme

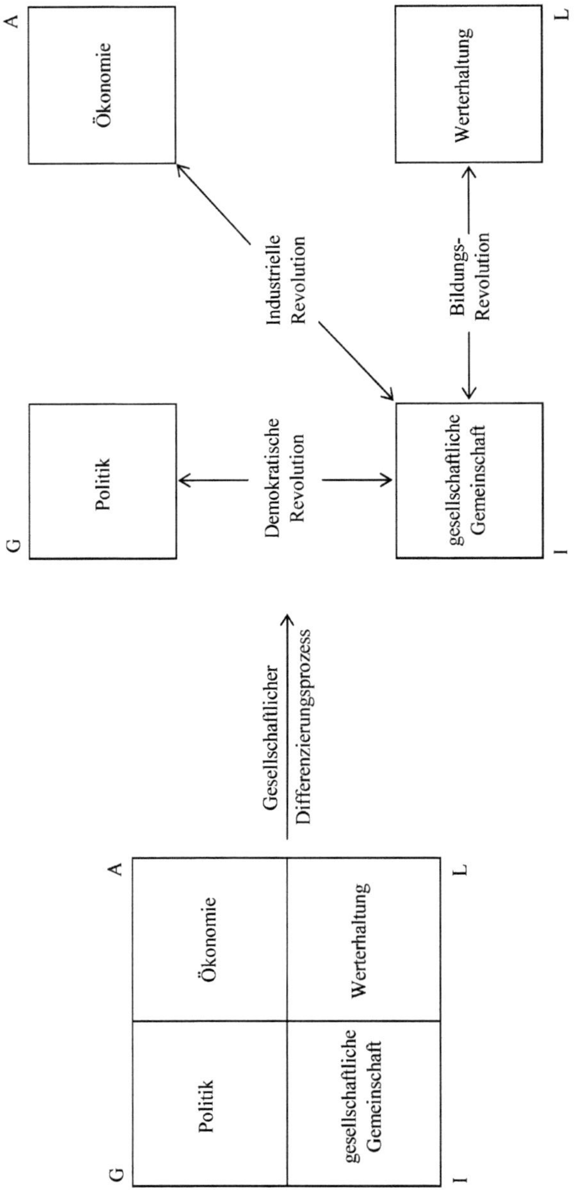

Quelle: Parsons (1977b, 7).

wir es mit einem tief greifenden Differenzierungsprozess zu tun. Die vormoderne Gesellschaft differenziert sich im Zuge der drei Revolutionen zu einer modernen Gesellschaft aus, deren Subsysteme Ökonomie, Politik, gesellschaftliche Gemeinschaft und Kultur sich voneinander trennen und je spezifische Funktionen für das soziale System übernehmen. Dieser Differenzierungsprozess erzeugt neue Integrationsprobleme, deren Lösung Aufgabe der gesellschaftlichen Gemeinschaft ist. Damit sie diese Funktion erfüllen kann, muss sich im Übergang von der vormodernen zur modernen Gesellschaft jedoch Grundlegendes ändern. Da Parsons davon ausgeht, dass es eine spezifische Balance von Gleichheit und Ungleichheit ist, durch die der dynamische Gleichgewichtszustand von Gesellschaften sichergestellt werden kann, muss nun geklärt werden, wie sich im Zuge der Großen Transformation die gesellschaftlichen Bedingungen der Integration der modernen Gesellschaft ändern. Unter welchen Bedingungen, so lautet die Frage, können Staatsbürgerrechte also tatsächlich die Institutionalisierung des angenommenen Gleichgewichts von Faktoren der Gleichheit und Ungleichheit sicherstellen?

Gesellschaftliche Bedingungen einer Balance von Gleichheit und Ungleichheit

Zwar seien, so Parsons, im Verlauf der vergangenen Jahrhunderte in Gesellschaften in zunehmendem Maße Grundlagen von Gleichheit institutionalisiert worden, doch trotz dieser Tendenz zu wachsender gesellschaftlicher Gleichheit hält er an der Überzeugung fest, dass „die Institutionalisierung sozialer Schichtung, oder genauer, der Beziehungen von Statusungleichheit, durch die Legitimation notwendiger Ungleichheiten einen entscheidenden Aspekt der Lösung des Problems der Ordnung in sozialen Systemen darstellt. Das gleiche gilt, *pari passu*, für die Institutionalisierung von Gleichheitsmustern" (Parsons 2000, 107).

Im soziokulturellen Evolutionsprozess von Gesellschaften zeigt sich also zwar, dass sich Gleichheit immer stärker durchsetzt, doch eine vollständige Gleichheit aller Gesellschaftsmitglieder ist nicht die Antwort auf die Integrationsprobleme moderner Gesellschaften. Vielmehr geht es um eine spezifische Balance von Faktoren der Gleichheit und Ungleichheit, die in vormodernen und modernen Gesellschaften von gänzlich unterschiedlichen Bedingungen abhängt. Worin bestehen die Unterschiede zwischen beiden Gesellschaftstypen?

Zwei Dimensionen sind entscheidend: erstens die Unterscheidung von *Zuschreibung versus Erwerb*, denn es muss geklärt werden, ob ein spezifischer gesellschaftlicher Status in der gesellschaftlichen Hierarchie zugeschrieben oder erworben ist; zweitens die *Grundlagen und Kontexte* von Zuschreibung und Erwerb, denn sie sind entscheidend für die unterschiedlichen gesellschaftlichen Bedingungen der Institutionalisierung von Ungleichheit.

Vormoderne Gesellschaften: Die Stellung eines Individuums in der gesellschaftlichen Hierarchie erfolgt durch *Zuschreibung*. Für diesen Zuweisungsprozess sind im Wesentlichen zwei *askriptive Grundlagen* verantwortlich: die Zugehörigkeit des Einzelnen zu religiösen und/oder ethnischen Gruppierungen. Sie legen die Stellung des Einzelnen fest, der innerhalb einer Gesellschaft nur als Teil einer Gruppe gelten kann. Neben diesen Grundlagen können *askriptive Kontexte* bestimmt werden, die ihrerseits für die gesellschaftliche Stellung des Individuums entscheidend werden: lokaler und regionaler Partikularismus einerseits, die Zugehörigkeit zu einer sozialen Klasse andererseits.

Moderne Gesellschaften: Die askriptiven Grundlagen und Kontexte vormoderner Gesellschaften lösen sich auf, und an ihre Stelle treten solche, die auf *individuellem Erwerb* beruhen. Die Statuszuweisung des Einzelnen erfolgt nicht mehr über ethnische und religiöse Zugehörigkeiten, *Grundlage* werden vielmehr Bildung und Beruf. Der Einzelne löst sich aus seiner primordialen Einbindung, trennt sich von seinen traditionalen Einbindungen und definiert sich zunehmend als Individuum. Ferner transformieren sich auch die *Kontexte*, denn die Differenzierung in zwei soziale Klassen löst sich auf in ein vielgliedriges Schichtsystem;[5] die lokalen und regionalen Partikularismen gehen im Zuge wachsender Mobilität im modernen Nationalstaat auf. In diesem Prozess transformiert sich die gesellschaftliche Gemeinschaft zur Nation.

Zwei Begriffe kennzeichnen den unterschiedlichen Status des Einzelnen in beiden Gesellschaftstypen: An die Stelle eines dem Individuum qua Herkunft zugeschriebenen Status in vormodernen Gesellschaft – ein Prozess, der eine *erbliche Aristokratie* institutionalisierte – tritt jetzt ein erworbener Status – der *institutionalisierte Individualismus* moderner Gesellschaften – auf der Grundlage eines ausdifferenzierten Bildungs- und Beschäftigungssystems (siehe Abbildung 5).

Wie Marshall nimmt auch Parsons an, dass sich im Modernisierungsprozess der gesamte Komplex der Zuschreibung vormoderner Gesellschaften auflöst. Mit der Durchsetzung der auf individuellem Erwerb beruhenden Grundlagen wie auch der Kontexte sozialer Ungleichheit institutionalisieren moderne Gesellschaften nämlich zugleich das Prinzip der Chancengleichheit und damit einen internen Zusammenhang von Gleichheit und Ungleichheit zwischen den Bürgern: „Solche Strukturen sind mit dem Problem der Gleichheit über das Prinzip der Chancengleichheit verbunden" (Parsons 2000, 107).[6] Entscheidende Bedeutung für diese

---

5   Parsons (2000) unterscheidet zwischen Klasse im alten und neuen Sinn. Erstere stellt für ihn eine vorübergehende Phase des historischen Entwicklungsprozesses moderner Gesellschaften dar, die durch das Verhältnis von Kapital und Arbeit gekennzeichnet ist. Klassen im neuen Sinn verweisen dagegen auf ein vielgliedriges Schichtsystem.
6   Parsons (2000, 107) betont gleichwohl die fortbestehende Bedeutung der Familie, um erworbene Merkmale von Generation zu Generation weiterzugeben.

Abb. 5: Die Institutionalisierung von Gleichheit und Ungleichheit in Gesellschaften

Vormoderne Gesellschaften
Zugeschriebener Status:
Komplex der Zuschreibung:
	- institutionalisierter Status erblicher Aristokratie
	- Grundlagen der Zuschreibung: Ethnizität und/oder Religion
	- Kontexte der Zuschreibung:
	    a) lokaler/regionaler Partikularismus
	    b) soziale Klasse

Moderne Gesellschaften
Erworbener Status:
Komplex des Erwerbs:
	- „institutionalisierter Individualismus"
	- Grundlagen des Erwerbs: Kriterien von Bildung und Beruf
	- Kontexte des Erwerbs:
	    a) Schichtsystem
	    b) Nationalstaat

institutionell vermittelte Herstellung einer Balance zwischen Gleichheit und Ungleichheit kommt der Bildungsrevolution zu. „Das 20. Jahrhundert eröffnete eine neue Phase im Übergang von einer Schichtung auf der Grundlage der erblichen Zuweisung zu einer Schichtung, in der Zuweisung keinerlei Rolle mehr spielt" (Parsons 1985, 122). Es ist die Bildungsrevolution, „die in gewissem Sinn die Themen der industriellen und der demokratischen Revolution, Chancengleichheit und Gleichheit als Bürger, miteinander verbindet. (...) In zunehmendem Maße ergeben sich Chancen für die relativ Benachteiligten, durch Auslese, die ungewöhnlich stark durch universalistische Normen reguliert wird, zum Erfolg zu kommen" (ebd., 123).

Aufgrund dieser herausragenden Bedeutung der Bildungsrevolution für den gesellschaftlichen Transformationsprozess ergänzt Parsons das dreigliedrige Schema der Staatsbürgerrechte um eine vierte Dimension: die kulturellen Bürgerrechte. Bildung und allgemein die Teilhabe an der Kultur einer Gesellschaft werden aus den sozialen Bürgerrechten herausgelöst, unter die Marshall sie noch subsumiert hatte, und denen er die Funktion zugesprochen hatte, einerseits formale Gleichheit durchzusetzen, andererseits selbst zu „Architekten sozialer Ungleichheit" zu werden. Diese Perspektive radikalisiert Parsons, indem er alle vier Formen von Staatsbürgerrechten als „Kontexte der Institutionalisierung von Gleichheit" (Parsons 2000, 114) in modernen Gesellschaften definiert. Diese Gleichheit ist Ausdruck des behaupteten dynamischen Gleichgewichtszustandes: Vermittelt über das Prinzip der Chancengleichheit institutionalisieren sie gesellschaftliche Statusgleichheit und legitimieren zugleich Ungleichheiten.

Damit sind wir am Kern des Problems. Nachdem sowohl die Struktur moderner Staatsbürgerrechte, d.h. ihre Differenzierung in ökonomische/soziale, politische, kulturelle und bürgerliche Rechte als auch die Grundlagen und Kontexte des Erwerbs eines spezifischen individuellen Status in der gesellschaftlichen Hierarchie erläutert ist, kann die integrative Funktion der Staatsbürgerrechte geklärt und damit die Frage beantwortet werden, wie es zu einer gleichzeitigen Institutionalisierung von Statusgleichheit und realer Ungleichheit kommt.

Kontexte der Institutionalisierung von Gleichheit: Der „Doppelcharakter moderner Staatsbürgerrechte"

Die Transformation der gesellschaftlichen Gemeinschaft hat zur Folge, dass die „Bürgerrechte (...) den Kern der gemeinsamen Lebenswelt einer modernen gesellschaftlichen Gemeinschaft (formen). Die Basis ist die grundsätzliche Gleichheit der Gemeinschaftsmitglieder in der Verfügung über diese Rechte" (Münch 1984, 296). Wie bereits T.H. Marshall lässt aber auch Parsons keinen Zweifel daran, wie weit diese grundsätzliche Gleichheit von der Vorstellung absoluter Gleichheit zwischen den Individuen entfernt ist. Eine der entscheidenden Funktionen moderner Staatsbürgerrechte besteht vielmehr darin, über das Prinzip der Chancengleichheit bestimmte Erscheinungsformen sozialer Ungleichheiten zu legitimieren: „Die Konzeption der Chancengleichheit stellt dann von der Gleichheitsseite aus die wichtigste institutionelle Verbindung – nicht allgemein zwischen Gleichheit und Ungleichheit – sondern zwischen Gleichheit und jenem Set von Ungleichheitskomponenten dar, die so gut wie vollständig über Leistung und funktional gerechtfertigte Herrschaft in den Gleichheitskomplex integriert werden können" (Parsons 2000, 114). Damit definiert Parsons den Doppelcharakter moderner Staatsbürgerrechte: „Jede dieser vier Kategorien ist zugleich ein Kontext der Institutionalisierung von Komponenten eines Status der Gleichheit als auch der Legitimation von Komponenten der Schichtung" (ebd., 115.; vgl. Dahrendorf 1987; 1992; Lockwood 1996; 2000).

Es ist dieser Doppelcharakter, der die von Parsons angenommene Balance von Gleichheit und Ungleichheit in Gesellschaften unter spezifisch modernen Bedingungen ermöglicht. Innerhalb des im Kern von Marshall übernommenen und zugleich radikalisierten liberalen Modells eröffnen die einzelnen rechtlichen Dimensionen der Staatsbürgerschaft lediglich *Möglichkeitshorizonte*, innerhalb derer Individuen aktiv werden können. Die Partizipation in den verschiedenen Arenen führt jedoch zu differenziellen Ungleichheiten, wobei es Aufgabe des Staates ist, extreme Ungleichheiten zu verhindern. Da die Ungleichheiten zwischen den Individuen auf Prozesse des Statuserwerbs zurückgeführt werden können,

Chancengleichheit vorausgesetzt wird und das institutionalisierte Schichtsystem „durchlässig" ist, begreift Parsons diese Ungleichheit als legitim und funktional für die Dynamik moderner Gesellschaften.

Wie genau werden die vier Formen staatsbürgerlicher Rechte aber sowohl zu Faktoren der Institutionalisierung von Statusgleichheit als auch der Legitimation sozialer Schichtung? Und welche Funktion kommt den einzelnen Dimensionen für die Sicherstellung der Integration der gesellschaftlichen Gemeinschaft zu? Hier wird die Zuordnung der Staatsbürgerrechte zu je spezifischen Funktionen relevant:

Adaptation: Auch Parsons geht davon aus, dass soziale Rechte die Substanz für die Wahrnehmung anderer Rechte darstellen und moderne Gesellschaften über den Zugang zu wohlfahrtsstaatlichen Institutionen somit Statusgleichheit sichern. Dabei unterscheidet er jedoch zwei Aspekte, denn während über den Zugang zum Wohlfahrtssystem grobe materielle Ungleichheiten ausgeglichen werden, erhält das Prinzip der Chancengleichheit zentrale Bedeutung. Parsons verdeutlicht das am Problem der Armut in den Vereinigten Staaten: Unbestritten ist der ökonomische Aspekt des Problems, das sowohl durch die relative Deprivation von Bevölkerungsgruppen als auch in einer durch Selbstisolierung und den Druck anderer Gruppen erzeugten Subkultur der Armut zum Ausdruck kommt, doch die tiefere Ursache sieht Parsons in der ungenügenden sozialen Integration der betroffenen Gruppen in die Gesellschaft.

Diese mangelhafte Integration zeigt sich einerseits in Konsumtionsmustern, in denen ein spezifischer „style of life" zum Ausdruck kommt; andererseits wird sie aber auch in mangelnden Fähigkeiten und geringer persönlicher Motivation deutlich, potenzielle Möglichkeiten sozialer Mobilität zu nutzen. Der Schlüssel zur Lösung des Integrationsproblems armer gesellschaftlicher Gruppen liegt für Parsons deshalb nicht in deren wohlfahrtsstaatlicher Versorgung, sondern im Ausmaß, in dem ihnen der Zugang zu Bildung eröffnet wird: „Der gleiche Zugang zum Bildungssystem ist ganz offensichtlich eine der wichtigsten Komponenten des Komplexes der Chancengleichheit, der entscheidend dazu beiträgt, dass jene, die daraus Vorteile ziehen können, aus ökonomischer Abhängigkeit herauskommen und ihnen die Tür für den Aufstieg auf der beruflichen Leiter sowie für anderen Erfolg offen steht" (Parsons 2000, 119). Die Partizipation an Bildung und allgemein an „Kultur" geht gleichwohl weit über den sozialen Aufstieg im Schichtsystem hinaus. Parsons spricht der Bildung eine derart bedeutende Rolle zu, „dass das Bildungsniveau eine extrem wichtige Bedingung für allgemeine gesellschaftliche Partizipation wird, die volle Staatsbürgerschaft symbolisiert" (ebd.).

Interessanterweise weicht Parsons hier von der klaren Zuordnung von Rechten zu bestimmten Funktionen ab. Kulturellen Rechten, insbesondere dem Recht auf Bildung, kommt im Rahmen des AGIL-Schemas als eigenständige Dimension prinzipiell integrative Funktion zu, doch Parsons diskutiert ihren Beitrag hier im Rahmen der Adaptionsfunktion der gesellschaftlichen Gemeinschaft. Die ökonomische/soziale Funktion von Bildung besteht, wie bereits bei Marshall darin, *Transmissionsriemen* zur Überwindung eines subalternen gesellschaftlichen Status zu sein.

Goal Attainment: Im Zuge der demokratischen Revolution institutionalisieren politische Rechte das Prinzip „Eine Person – eine Stimme" und stellen damit Statusgleichheit her. Die Durchsetzung dieses egalitären Prinzips kann als Reaktion gegen willkürliche Formen der Ausübung von Herrschaft begriffen werden, es demokratisiert politische Herrschaft und hat darüber hinaus auch Auswirkungen auf private Assoziationen. Die Kehrseite dieses Prozesses zeigt sich darin, dass das Prinzip einer auf Konsens beruhenden Herrschaft „zugleich eine neue Legitimationsgrundlage für Ungleichheiten (entwickelte), die aus der Herrschaft und Macht entsteht, die die Inhaber eines durch Wahl besetzten Amtes gegenüber jenen ausüben, auf deren Wahlentscheidung diese Macht beruht" (ebd., 116). Das Prinzip der repräsentativen Ausübung von Herrschaft legitimiert damit mindestens drei Formen von Ungleichheit, die in Machtunterschieden zum Ausdruck kommen: bürokratische Hierarchie, professionelle Kontrolle und politische Herrschaft.

Integration: Über kulturelle Rechte wird durch die Gewährleistung einer allgemeinen Ausbildung für alle Gesellschaftsmitglieder eine bestimmte Gleichheit des kulturellen Niveaus gesichert. Im historischen Prozess lässt sich hier ein „cultural upgrading" erkennen, d.h. eine systematische Anhebung des kulturellen Niveaus durch die Ausdehnung von allgemeiner, weiterführender und universitärer Bildung. Im Kontext der integrativen Funktion kultureller Rechte zeigen sich noch einmal zwei entscheidende Konsequenzen der Bildungsrevolution: erstens wird klar, dass der Zugang zum Bildungssystem die „institutionalisierte Aristokratie" früherer Gesellschaftsformen minimiert; kulturelle Überlegenheit und die Stellung des Einzelnen in der gesellschaftlichen Hierarchie sind jetzt Folge der Kompetenz für spezifische Berufsrollen; zweitens institutionalisiert das Bildungswesen moderner Gesellschaften ein generalisiertes Wertmuster, das religiöse oder ideologische Partikularismen transzendiert. „Anders gesagt: Wir leben in einer zunehmend pluralistischen Kultur, die eng mit der Pluralisierung der modernen Gesellschaftsstruktur verbunden ist" (ebd., 121). Den durch kulturelle Rechte vorangetriebenen integrativen Prozess der gesellschaftlichen Gemeinschaft interpretiert Parsons damit modernisierungstheoretisch: Er beruht auf der Überlegenheit des universalistischen Charakters allgemeiner kultureller Muster in modernen Gesellschaften gegenüber den Partikularismen früherer Gesellschaftsformen, denn „der einzig vernünftige Weg, ‚Allgemeinbildung' im Sinne einer progressiven Anhebung auf ein höheres Niveau zu definieren, (besteht) darin, sie als Partizipation an diesem Prozess der universalistischen Verallgemeinerung kultureller Traditionen zu begreifen" (ebd.).

Latent-Pattern Maintenance: Es sind schließlich die bürgerlichen Rechte, die hinsichtlich der Freiheit der Person, Redefreiheit und Versammlungsfreiheit grundlegende Gleichheiten sicherstellen. Zugleich werden jedoch auch solche „gleichen Freiheiten" institutionalisiert, die es denjenigen, die sie nutzen können, gestatten, Statusunterschiede herzustellen. Wichtigstes Beispiel derartiger Gleichheiten ist die Institution des Arbeitsvertrages. Im kapitalistischen System können sich Arbeitgeber und Arbeitnehmer als „Freie" auf dem Markt gegenübertreten. Als formal Gleiche handeln sie Arbeitsverträge aus, allerdings unter Bedingungen extrem asymmetrischer Machtverhältnisse. Die Verhandlungsmacht der Arbeitgeber ist ungleich größer als jene der Arbeiter, weshalb Erstere in die Lage versetzt sind, die formale Gleichheit so zu nutzen, dass soziale Ungleichheiten entstehen können.

Während politische, soziale und ökonomische sowie kulturelle Rechte in ihren Dimensionen prinzipiell Ungleichheit legitimieren, zeigt die Sphäre bürgerlicher Rechte eine Besonderheit: Wie das Beispiel des Arbeitsvertrages zeigt, legitimieren zwar auch sie Ungleichheiten, dies gilt gleichwohl nicht prinzipiell. Die Funktion bürgerlicher Rechte unterscheidet sich von jener der anderen deshalb grundlegend, weil in der Verfassung garantierte *unveräußerliche Rechte* eine Grundlage absoluter Gleichheit sicherstellen. Zu diesen Rechten zählen sowohl die in der amerikanischen Verfassung verankerten Grundsätze der Nichtdiskriminierung auf der Grundlage askriptiver Merkmale wie Rasse und Hautfarbe als auch jener der Glaubensfreiheit. Beide Prinzipien sichern eine grundsätzliche Gleichheit aller Gesellschaftsmitglieder, wodurch „dem ‚zivilen' im Verhältnis zu den anderen drei Komplexen die Funktion der Aufrechterhaltung von Wertmustern zukommt. Er hat sich in den meisten modernen Gesellschaften bis zu dem Punkt der Institutionalisierung des Prinzips entwickelt, dass es im Status der Staatsbürgerschaft eine ‚Grundlage' geben soll, auf die hin alle individuellen Bürger Gleiche sind" (ebd., 122).

Die über Staatsbürgerrechte konstituierten Kontexte lassen sich als „System der Gleichheits-Dimensionen" begreifen (ebd., 121), in dem das Verhältnis von Statusgleichheit und legitimer Ungleichheit institutionalisiert wird. Die werterhaltende Funktion der bürgerlichen Rechte verbürgt eine grundsätzliche Gleichheit, von der aus legitime Ungleichheiten möglich werden – vorausgesetzt, das Prinzip der Chancengleichheit gilt.

Das ist der soziologische Kern der Analyse, mit der Parsons die Struktur und Funktionsweise moderner Staatsbürgerschaft auf den Punkt bringt. Die Dynamik moderner Staatsbürgerschaft beruht im Widerstreit zwischen der Institutionalisierung der Statusgleichheit aller Bürger einer Gesellschaft durch jede der vier

Formen staatsbürgerlicher Rechte und der durch sie zugleich institutionalisierten Legitimation sozialer Ungleichheiten.

Zusammengefasst lässt sich der Entwicklungsprozess von vormodernen zu modernen Gesellschaften durch vier Prozesse beschreiben: erstens haben wir es mit einem umfassenden Prozess gesellschaftlicher Differenzierung zu tun, in dem die Funktionen von Ökonomie, Politik, gesellschaftlicher Gemeinschaft und Kultur auseinander treten; dieser Differenzierungsprozess erhöht zweitens die Anpassungsfähigkeit der modernen Gesellschaft an ihre Umwelt (adaptive upgrading), was drittens, wie die Bedeutung des universalistischen Charakters der kulturellen Werte deutlich macht, als Wertgeneralisierung beschrieben werden kann. Der dadurch komplexer und komplizierter werdende Integrationsprozess der modernen Gesellschaft wird viertens schließlich durch die gleichzeitige Institutionalisierung von Statusgleichheit und die Legitimation sozialer Ungleichheiten auf der Grundlage moderner Staatsbürgerrechte gewährleistet.

Inklusion in die gesellschaftliche Gemeinschaft

Diese vier ineinandergreifenden Prozesse führen Parsons zu der Überzeugung, dass das grundlegende und kennzeichnende Merkmal hochentwickelter Gesellschaften die enorme Inklusionskraft der gesellschaftlichen Gemeinschaft ist (vgl. Münch 1995, 18), die sich auf der Grundlage der Staatsbürgerrechte vollzieht: „The concept of citizenship (…), refers to full membership in what I shall call the societal community" (Parsons 1966a, 709). Parsons geht deshalb davon aus, dass sich aufgrund fortschreitender Systemdifferenzierung die Inklusion zuvor aus der gesellschaftlichen Gemeinschaft ausgeschlossener Gruppen entwicklungslogisch zwingend einstellen muss. „The long-run trend, however, is successful inclusion" (Parsons 1977b, 185). Ausgangspunkt dieses Prozesses ist eine (ausreichende) ursprüngliche kulturelle Homogenität, die dann die Inklusion weiterer Gruppen ermöglicht.

Die Nagelprobe für diesen behaupteten Prozess wie auch für die angenommene Inklusionskraft stellt die Aufnahme von Migranten in die gesellschaftliche Gemeinschaft dar. Parsons geht auch hier von einem Gleichgewichtsmodell aus, das er auf der Grundlage des ökonomischen Paradigmas von Angebot und Nachfrage modelliert. Auf beiden Seiten – der der aufnehmenden gesellschaftlichen Gemeinschaft wie auch jener der Migranten – muss es sowohl „Nachfrage" nach Inklusion als auch spezifische „Angebote" für den Fall der Inklusion geben.

Auf der *Angebotsseite* müssen sich Gruppen, die inkludiert werden wollen, im Hinblick auf ihre kulturelle und soziale Struktur für eine Mitgliedschaft qualifizieren; die Aufnahmegesellschaft muss im Gegenzug strukturelle Voraussetzungen schaffen und für die zu inkludierende Gruppen institutionelle „Nischen" bereitstellen. Diese Angebote beziehen sich auf beiden Seiten auf ein spezifisches Set struktureller Bedingungen, durch die sichergestellt werden kann, dass die gesellschaftliche Gemeinschaft erweitert und gefestigt wird. Entscheidend sind etwa eine Verpflichtung auf den Assoziationscharakter der gesellschaftlichen Gemeinschaft, Fähigkeiten und Möglichkeiten im Rahmen staatsbürgerlicher Rechte sowie der Bezug auf grundlegende Wertmuster (vgl. Parsons 1966a, 722).

Auf der *Nachfrageseite* werden im Inklusionsprozess im Hinblick auf diese strukturellen Bedingungen an beide Seiten spezifische Forderungen gestellt. Entscheidend werden zum einen die Einstellungen beider Gruppen, ob Inklusion normativ wünschbar ist und befördert werden sollte, zum anderen die Umsetzung dieser Vorstellungen in spezifische Programme und deren Implementation (ebd.).

Dieses Wechselspiel illustriert Parsons am Beispiel des Inklusionsprozesses der „new immigrants", Juden und Katholiken, in den Vereinigten Staaten. Der Inklusionsprozess setzt keine Assimilation voraus, denn in dem Maße, in dem im Prozess der soziokulturellen Evolution Staatsbürgerschaft von allen askriptiven Kriterien getrennt wird, ermöglicht sie zugleich Inklusion und Rollenvielfalt. „Full inclusion and multiple role participation are compatible with the maintenance of distinctive ethnic and/or religious identity" (ebd., 716). Die Überzeugung, dass sich auf der Grundlage universalistischer Wertmuster Integration zwangsläufig einstellen muss, führt dazu, dass Parsons auch die Entwicklung der Bedingungen für eine Inklusion amerikanischer Schwarzer optimistisch beurteilt. Ganz im Sinne seines Modells von Angebot und Nachfrage plädiert er für die Schaffung der strukturellen Voraussetzungen hinsichtlich bürgerlicher und politischer Rechte sowie einer effektiven Institutionalisierung sozialer Rechte. Die entscheidende Bedeutung in diesem Inklusionsprozess spricht Parsons jedoch den kulturellen Staatsbürgerrechten, und damit der Vermittlung von Werten über das Bildungswesen und der Verinnerlichung von Normen zu: „It seems likely that the time will come when the ‚general education' component of higher education will be universalized and become, however redefined, both a prerogative and a requisite of full citizenship for everyone" (Parsons 1977a, 353; vgl. Parsons und Platt 1973).

2.2.1 Zentrale Aspekte der Analyse

Talcott Parsons' Beitrag für ein Verständnis der Struktur und Funktionsweise moderner Staatsbürgerrechte ist in der soziologischen Debatte um die Staatsbürgerschaft wenig beachtet worden. Grund dafür dürften reflexartige Reaktionen auf Parsons' strukturfunktionalistisches Theoriegebäude Ende der 1970er Jahre sein. Mit dem sich ankündigenden Ende der „grand theories" in der Soziologie scheint auch sein Beitrag zu einer Soziologie der Staatsbürgerschaft uninteressant geworden zu sein. Man muss hingegen die Annahmen des Strukturfunktionalismus nicht teilen und die problematischen theoretischen Annahmen nicht verschweigen, um die Scharfsinnigkeit der Analyse der Institutionalisierung des Verhältnisses von Faktoren der Gleichheit und Ungleichheit würdigen zu können.

Auch Parsons setzt sich mit dem Problem gesellschaftlicher Integration auseinander, doch im Gegensatz zu Marshalls konflikttheoretischer Perspektive steht bei ihm nicht der in modernen Gesellschaften konstitutive Konflikt zwischen Klassengesellschaft und Staatsbürgerrechten im Mittelpunkt der Analyse, sondern die Vorstellung, dass alle Gesellschaften ein Gleichgewicht zwischen Gleichheit und Ungleichheit institutionalisieren. Fragt man angesichts dieser stärker auf konsensuale Beziehungen in modernen Gesellschaften gerichteten Perspektive nach Parsons' Beitrag für ein Verständnis der Struktur und Funktionsweise moderner Staatsbürgerschaft, so sind mindestens drei Aspekte von Bedeutung:

Erstens macht seine Analyse sehr deutlich, dass das entscheidende Charakteristikum und der große Gewinn moderner Staatsbürgerschaft gegenüber früheren Formen der Zugehörigkeit in der *Überwindung askriptiver Kriterien* bestehen. Marshall und Parsons waren sich bewusst, dass es die Familie ist, die die vollständige Durchsetzung dieses Schrittes verhindert. Nichtsdestoweniger wird ein allgemeiner Status formal gleicher Staatsbürger, der auf der Grundlage eines Sets individueller Rechte Statusgleichheit zwischen all jenen herstellt, die zur Gemeinschaft der Bürger gehören, erst in dem Maße möglich, in dem die von Parsons als „erbliche Aristokratie" bezeichnete Weitergabe von Privilegien minimiert wird.

Zweitens knüpft Parsons an die von Marshall entwickelte Idee an, dass die Dynamik der modernen Gesellschaft im Spannungsverhältnis zwischen Faktoren der Ungleichheit und Gleichheit begründet liegt. Zugleich generalisiert Parsons diese Annahme, indem er nachweist, wie dieses Spannungsverhältnis nicht nur auf kultureller Ebene über das Bildungssystem institutionalisiert wird, sondern das entscheidende Charakteristikum aller staatsbürgerlichen Rechte ist. Das nationale Modell der Staatsbürgerschaft ist in Parsons' Ansatz ein *dynamisches Modell*, das auf der Spannung zwischen widerstreitenden Prinzipien auf der Ebene bürgerlicher, ökonomischer und sozialer, politischer sowie kultureller Rechte beruht.

Drittens leistet Parsons' Konzeption kultureller Staatsbürgerrechte einen wichtigen Beitrag zur Diskussion um das Verhältnis von *universalistischen Prinzipien* und *partikularistischen Identitäten*. Sein Modell formuliert universelle Prinzipien, die in der Kultur westlicher Gesellschaften verankert sind, während es andererseits die Möglichkeit partikularer Lebensentwürfe ermöglicht.

Talcott Parsons hat zum Verständnis der Struktur und Funktionsweise einen unverzichtbaren Beitrag geleistet. Seine Analyse des Spannungsverhältnisses zwischen Faktoren der Gleichheit und Ungleichheit, das durch jede der Formen staatsbürgerlicher Rechte institutionalisiert wird, trägt entscheidend zum Verständnis des dynamischen Charakters moderner Staatsbürgerschaft bei und zeigt, wie Staatsbürgerrechte zum Integrationsinstrument moderner Gesellschaften werden.

2.3 Grundlagen und Charakter des soziologischen Konzepts moderner Staatsbürgerschaft

T.H. Marshall und Talcott Parsons zeichnen für das klassische soziologische Konzept moderner Staatsbürgerschaft verantwortlich. Bis heute ist gerade Marshalls dreigliedriges Konzept der Bezugspunkt fast aller Debatten um Citizenship geblieben. Zusammenfassend lassen sich im Anschluss an die Analysen dieses Kapitels die Grundlagen moderner Staatsbürgerschaft sowie der Charakter des soziologischen Konzeptes bestimmen.

Politische Grundlage ist der Nationalstaat als einzige Bezugsgröße. Er garantiert sowohl den Schutz vor äußeren wie vor inneren Feinden; die persönlichen Freiheitsrechte schützen den Bürger zugleich vor staatlicher Willkür, wenngleich sie staatlicher Herrschaft unterworfen sind; als eigentlicher Souverän verleihen die Bürger dem Staat politische Macht, während sie auf staatliche Leistungen angewiesen sind (vgl. Offe 1987). Der Nationalstaat ist damit die entscheidende Instanz, der gegenüber Bürger Rechte und Ansprüche geltend machen können.

Die *ökonomische Grundlage* kommt am deutlichsten in Marshalls Analyse zum Ausdruck. Es ist die Partizipation an der materiellen Kultur einer Gesellschaft. Das setzt voraus, dass die moderne Gesellschaft in der Lage ist, die Güter zur Bedürfnisbefriedigung bereitzustellen. Voraussetzung dafür ist ein System industrieller Massenproduktion.

Die *kulturelle Grundlage* des nationalen Modells der Staatsbürgerschaft beruht in der Annahme einer nationalen, kulturell homogenen Gemeinschaft, die mit der politischen identifiziert wird. Die Überwindung vormoderner Partikularismen hat zur Entstehung einer nationalen Gemeinschaft geführt, die mit neuen Loyalitätsbeziehungen ausgestattet ist und neue Solidaritätsformen entwickelt hat.

Die Bestimmung der Grundlagen zeigt, dass die Form der Staatsbürgerschaft immer als historisch spezifische begriffen werden muss. Es ist eine Frage historischer Kontingenz, welche Faktoren zu einem bestimmten Zeitpunkt gegeben sind, in denen aus ihrem Zusammentreffen ein spezifisches „Citizenship-Regime" (Jenson 1996) resultiert. Für die Nachkriegszeit lässt sich dieses Regime als ein *nationalstaatlich verfasstes, fordistisches, wohlfahrtsstaatlich reguliertes und auf der Annahme kultureller Homogenität beruhendes Modell* begreifen. Es ist damit äußerst voraussetzungsreich, und in den nächsten Kapiteln wird sich zeigen, dass es auch diese Annahmen sind, die dazu geführt haben, dass die fortbestehende

Gültigkeit dieses Modells der Staatsbürgerschaft in den vergangenen Jahren grundlegend in Zweifel gezogen worden ist.

Fragt man vor diesem Hintergrund nach dem Charakter moderner Staatsbürgerschaft, so lassen sich abschließend vier entscheidende Aspekte festhalten:

Staatsbürgerschaft ist ein *liberales Konzept*: Im Kern beruht es auf der Vorstellung, dass es zwischen den Individuen moderner Gesellschaften keine absolute Gleichheit geben kann. Die Dynamik einer modernen kapitalistischen Gesellschaft ist vielmehr nur dann aufrechtzuerhalten, wenn ein spezifisches Maß an Ungleichheit zugelassen wird. Die bestehenden Ungleichheiten dürfen jedoch nicht illegitimer Natur sein. Die liberale Überzeugung kommt darin zum Ausdruck, dass dem einzelnen Individuum die Aufgabe zugewiesen wird, über die Partizipation am Bildungssystem einer Gesellschaft bestimmte Bildungsabschlüsse zu erwerben und so selbst die Voraussetzungen für eine entsprechend hohe Position im gesellschaftlichen Statussystem zu schaffen. Voraussetzung für diesen „Übersetzungsprozess" von individuellen Bildungsanstrengungen und der Belohnung für diese Anstrengungen durch einen qualifizierten Beruf und entsprechend hohe Entlohnung ist, dass der Staat Chancengleichheit im Hinblick auf den Zugang zu seinem Bildungssystem sicherstellt. Sind die Bedingungen für alle Bürger gleich, so sind die durch das Bildungssystem generierten Ungleichheiten legitim.

Staatsbürgerschaft ist ein *egalitäres Konzept*: Im Gegensatz zu vormodernen Gesellschaften institutionalisieren moderne Gesellschaften den einzigen und allgemeinen Status der Staatsbürgerschaft. Dieser Status macht alle Bürger einer Gesellschaft zu formal Gleichen. Bürgerliche, politische, soziale und ökonomische sowie kulturelle Staatsbürgerrechte institutionalisieren Gleichheit vor dem Gesetz und garantieren unveräußerliche Rechte; sie machen durch das Wahlrecht alle Bürger zum eigentlichen Souverän; sie sichern ein Maß an sozialer Sicherheit, das nicht unterschritten werden darf; und sie schaffen schließlich die Voraussetzungen für die Partizipation aller Bürger am Bildungswesen ihrer Gesellschaft.

Staatsbürgerschaft ist ein auf *soziale Gerechtigkeit* zielendes Konzept: Über die wohlfahrtsstaatlich verbürgten Ansprüche aller Bürger wird die Basis für eine effektive Ausübung staatsbürgerlicher Rechte geschaffen; es werden so nicht zu rechtfertigende Ungleichheiten abgefedert, zugleich aber faktische Unterschiede im Lebensstil zugelassen. Im Kontext des liberalen soziologischen Konzeptes der Staatsbürgerschaft meint soziale Gerechtigkeit damit die Herstellung von Chancen für Bürger, im Rahmen der Staatsbürgerrechte an den Auseinandersetzungen um gesellschaftliche Positionen teilzunehmen und dafür die entsprechenden Voraussetzungen vorzufinden.

Staatsbürgerschaft ist schließlich ein auf *kulturelle Einheitlichkeit* verpflichtetes Konzept: Es misst der Partizipation aller am Bildungswesen und der Kultur allgemein zentralen Stellenwert bei. Im Hinblick auf einen weit gefassten Begriff von Kultur lässt es sowohl individuelle Lebensentwürfe und die Bewahrung partikularer Identitäten zu. Im Rahmen eines eng gefassten Begriffs von Kultur, der auf Bildung und Beruf gerichtet ist, rechtfertigt das Konzept die aus berufsbezogenen Kompetenzen resultierenden Differenzen und gesellschaftlichen Hierarchien.

Die Rekonstruktion des klassischen Paradigmas und des soziologischen Konzeptes der Staatsbürgerschaft hat ergeben, dass wir es hier mit einem hoch komplexen und sehr voraussetzungsvollen Instrument der Integration moderner Gesellschaften zu tun haben. Die wissenschaftliche Auseinandersetzung insbesondere mit Marshalls Konzept entzündete sich zunächst an der Perspektive, die die Frage nach der Integration moderner Gesellschaften auf das Verhältnis zwischen Kapitalismus und Citizenship eingrenzte (Turner 1986; Barbalet 1988), dann aber auch an einer Reihe impliziter Annahmen und Behauptungen, die mit dem Konzept verbunden sind (Crouch, Eder und Tambini 2001a).

2.4 Zur Kritik des soziologischen Konzepts

Das Konzept der Citizenship hat mehrere Wellen der Auseinandersetzung erlebt. In den 1960er Jahren wurden Staatsbürgerrechte einerseits als Integrationsinstrument der Arbeiterklasse in die kapitalistische Gesellschaft begriffen (Dahrendorf 1957; Bendix 1960; Lipset 1960), andererseits wurde Citizenship aber auch zur Grundlage für Analysen des Wählerverhaltens und der politischen Apathie der Bürger in modernen liberal-demokratischen Gesellschaften (Rokkan 1960). Zu Beginn der 1970er Jahre beschränkte sich die Diskussion im Wesentlichen auf den von Marshall vorgegebenen Rahmen und diskutierte Bedeutungsgehalt und Reichweite des Konzepts (Aron 1974; Dahrendorf [1974] 2000; Nisbet 1974). Erst in den 1980er Jahren, als die Staatsbürgerschaft durch ökonomische, politische und soziale Umbrüche in den Mittelpunkt politischer Auseinandersetzungen geriet, begann auch in der Soziologie eine kritische Auseinandersetzung mit dem Konzept selbst.

Ein in dieser Debatte immer wieder vorgebrachter Kritikpunkt gegen Marshall ist der vermeintlich evolutionistische und teleologische Charakter der Analyse. Diese Kritik entzündete sich an der Vorstellung, dass sich bürgerliche, politische und soziale Rechte evolutionär und unumkehrbar entwickelten und es dazu eine innere Notwendigkeit gebe (Giddens 1983; Parry 1991). Gegen die Behauptung einer notwendigen und harmonischen Entwicklung des Staatsbürgerstatus und der angeblichen Vernachlässigung gesellschaftlicher Kämpfe zur Durchsetzung von Rechten (vgl. kritisch dazu Held 1990; Turner 1993), betonte Giddens (1983) im Hinblick auf den Zusammenhang zwischen Klassenstruktur und Klassenbeziehungen, dass der Klassenkonflikt als Motor und Medium der Ausdehnung von Bürgerrechten begriffen werden müsse. Bürgerrechte seien Kampfinstrumente, um den Spielraum individueller Freiheiten auszudehnen. Mit diesem Perspektivenwechsel war zwar eine Form gesellschaftlichen Konflikts als treibende Kraft der Entstehung von Citizenship bestimmt, doch Giddens selbst sah sich nun der Kritik ausgesetzt, dass er, wie Marshall selbst, lediglich den Klassenkonflikt als entscheidend betrachte und die Kämpfe aller anderen gesellschaftlichen Gruppen und sozialer Bewegungen vernachlässige (Turner 1986; Barbalet 1988). Erst die Berücksichtigung der Anliegen dieser Gruppen eröffne ein Verständnis dafür, dass die Entwicklung der Formen staatsbürgerlicher Rechte mit den sozialen Rechten nicht notwendig abgeschlossen sei, sondern neue Rechte die Marshall'sche Trias erweitern könnten, wie etwa sogenannte „reproductive rights" als besondere Rechte von Frauen (Held 1990).

Damit ist bereits ein weiterer Kritikpunkt angesprochen: Die Vorstellung, dass es sich bei den Staatsbürgerrechten um ein homogenes Bündel von Rechten handle. Die Kritik wies darauf hin, dass bürgerliche und politische Rechte einerseits, soziale Rechte andererseits nicht gleichbedeutend seien, da nur Letztere auf eine grundlegende Transformation der kapitalistischen Gesellschaft und der in ihr herrschenden Gleichheits- und Gerechtigkeitsvorstellungen zielten. Ferner wurde behauptet, Marshall habe dem Unterschied zwischen individuellen bürgerlichen Freiheitsrechten und kollektiven Rechten in der Ökonomie keine Rechnung getragen. Diese Rechtsformen seien nicht identisch, und erst die Unterscheidung zwischen politischer und ökonomischer Sphäre mache deutlich, dass es sich bei „ökonomischen Rechten" nicht um eine Unterform bürgerlicher Rechte handle, sondern um einen eigenen Rechtstypus (vgl. Giddens 1983). Mit der Bestimmung einer weiteren Form von Rechten, aber auch mit Parsons' Ausgliederung kultureller Rechte aus den sozialen Rechten steht Marshalls Annahme, mit den sozialen Rechten sei die letzte Stufe der Bürgerrechte erreicht, zur Disposition (van Steenbergen 1994a). Bereits Marshalls eigene Annahme, dass Citizenship immer auch neue gesellschaftliche Gruppen einbeziehe, führt zu der Frage, warum in diesem Prozess nicht auch neue Rechte eingefordert werden sollten.

Marshalls Ansatz wurde ferner dafür kritisiert, dass er die Rolle der Politik und des Staates vernachlässigt habe (Giddens 1996). Das gilt nicht nur im Hinblick auf die problematische Struktur des Wohlfahrtsstaates, sondern vor allem auch im Hinblick auf die steigenden Überwachungs- und Kontrollaktivitäten des modernen Nationalstaates (Giddens 1985). Hier zeigt sich, wie entscheidend in modernen Gesellschaften gerade jene Rechte sind, die den Bürger vor der willkürlichen Macht seines Staates schützen, und Giddens deutet auf die Gefahr hin, dass die Bedeutung der bürgerlichen Rechte des Individuums im Rahmen einer vagen und leeren Debatte um Menschenrechte ausgehöhlt wird.

2.4 Zur Kritik des soziologischen Konzepts

Ein Schwerpunkt in der Auseinandersetzung war, dass im Anschluss an Marshall immer wieder die Kämpfe gesellschaftlicher Klassen und sozialer Bewegungen zur Durchsetzung der Citizenship betont und mit der Staatsbürgerschaft ausschließlich eine Ausdehnung individueller Freiheiten verbunden wurde. Im Gegensatz dazu hat Mann (1987) in historisch-komparativer Perspektive mit dem liberalen, reformistischen, autoritären, monarchistischen, faschistischen und autoritär sozialistischen Weg fünf „Strategien der herrschenden Klassen" unterschieden, die in entwickelten Gesellschaften zur Institutionalisierung von Staatsbürgerschaft geführt haben. Mann zeigt, dass alle diese Regime – je spezifische Zusammensetzung aus der dominanten ökonomischen, politischen und militärischen Klasse – in der Lage waren, über die Gewährung spezifischer Grade staatsbürgerlicher Rechte Loyalität in der Bevölkerung zu erzeugen. Damit relativiert sich die Vorstellung, dass Citizenship ausschließlich als Ergebnis der Kämpfe sozialer Gruppen und Bewegungen verstanden werden kann.

Und auf ein weiteres Problem des klassischen Konzeptes der Staatsbürgerschaft macht Mann aufmerksam: Nicht nur die immer wieder vorgebrachte Kritik, dass sich Marshall nur auf den Fall England konzentriert habe und sein Modell deshalb nicht verallgemeinert werden könne, ist entscheidend, sondern ganz prinzipiell die Konzentration auf die Dynamik im Innern von Gesellschaften. In komparativer Perspektive wird verständlich, dass die Frage nach der Durchsetzung von Citizenship, ihre Stabilität und Instabilität letztlich nur als Resultat von Geopolitik und der Auswirkungen von Kriegen begriffen werden kann, weshalb die Analyse der Staatsbürgerschaft das Augenmerk auf den Zusammenhang von innergesellschaftlichen Prozessen und geopolitischen Entwicklungen richten muss.

Angesichts der Vielzahl an Einwänden, die gegen Marshalls Modell vorgebracht wurden, hat Turner (1990) in einer Auseinandersetzung mit der vor allem von Giddens und Mann entwickelten Kritik einen komparativen, historisch-soziologischen Zugang zum Verständnis der Durchsetzung von Citizenship in modernen Gesellschaften entwickelt, der Nachdruck auf die kulturellen und strukturellen Transformationsprozesse legt, die mit der Durchsetzung der Moderne verbunden sind. Zwei Aspekte sind von zentraler Bedeutung. Zum einen macht Turner gegen Mann geltend, dass Staatsbürgerschaft nicht nur als Mittel zur Befriedung von Gesellschaften (Staatsbürgerschaft „von oben") begriffen werden kann, sondern vielmehr der Kampf gesellschaftlicher Gruppen um Staatsbürgerrechte (Staatsbürgerschaft „von unten") berücksichtigt werden muss. Zum anderen verweist Turner auf die Bedeutung, die der Trennung von öffentlicher und privater Sphäre in modernen Gesellschaften zukommt. Entlang dieser beiden Achsen „von unten" vs. „von oben" und öffentlich vs. privat, definiert Turner unterschiedliche Kontexte der Entstehung von Staatsbürgerschaft, die dann historisch den unterschiedlichen kulturellen und strukturellen Bedingungen spezifischer Gesellschaften entsprechen. Die Erklärung dieser Entwicklungswege beschränkt sich gleichwohl nicht auf die Kämpfe im Innern von Gesellschaften, sie berücksichtigt ebenso die Geopolitik der Staatsbürgerschaft sowie den Beitrag beider Faktoren auf die Herausbildung der Staatsbürgerschaft als öffentlicher Identität und der Entstehung öffentlicher politischer Räume.

Neben diesen konzeptionellen Auseinandersetzungen, die immer wieder die Bedeutung des Marshall'schen Ansatzes betonen, lassen sich grob vereinfacht zwei in sich heterogene Positionen erkennen, die sich entweder um seine produktive Weiterentwicklung und Anschlussfähigkeit bemühen oder seine Brauchbarkeit prinzipiell in Zweifel ziehen. Zu Ersterer zählen vor allem die weiteren Arbeiten von Turner (1993b; 1993c); Barbalet (1988); Hall und Held (1989); Jenson (1996); Jenson und Phillips (1996); Roche (1987; 1992; 1995); Somers (1993; 1994; 1995a+b) widmet sich einer historischen Rekonstruktion der Entstehung von Staatsbürgerschaft und verweist auf den Zusammenhang der Diskussion um Staatsbürgerschaft und Zivilgesellschaftstheorie (vgl. Cohen und Arato 1992); einen weiteren Strang stellen die demokratietheoretischen Arbeiten von Held (1990; 1991; 1993; 1995) Mouffe (1992a; 1992b; 1993), Zolo (1993), Oldfield (1990), Parry (1991) und Stewart (1995) dar. Grundsätzliche Kritik an der Brauchbarkeit des Marshall'schen Konzepts wurde dagegen früh aus feministischer Perspektive formuliert (vgl. Dietz 1985; 1994; Lister 1990; 1993; 1995; 1998; Okin 1992; 1995 sowie Pateman 1987; 1989), und jüngst können dazu auch fast alle Beiträge gezählt werden, die zu den sogenannten „Citizenship Studies" gerechnet werden (vgl. die Diskussion in Kapitel 5)

All diese entscheidenden Kritiken und Weiterentwicklungen des klassischen Konzeptes der Staatsbürgerschaft haben zu einem genaueren, empirisch und historisch gesättigteren Verständnis der Staatsbürgerschaft beigetragen. Die Auseinandersetzung um das Konzept selbst war jedoch nur ein Strang der Debatten der 1980er und 1990er Jahre. Den entscheidenden wissenschaftlichen wie gesellschaftspolitischen Debatten, die Ende des 20. Jahrhunderts um die Staatsbürgerschaft geführt wurden, widmet sich das folgende Kapitel.

3 Spannungsverhältnisse moderner Staatsbürgerschaft: Debatten um Citizenship

Seit Ende der 1980er Jahre dreht sich im angelsächsischen Sprachraum eine Vielzahl der zentralen gesellschaftspolitischen und wissenschaftlichen Debatten um die Frage der Staatsbürgerschaft. Mit einer gewissen zeitlichen Verzögerung ist dies inzwischen auch in Deutschland der Fall, allerdings in weit bescheidenerem Ausmaße. Der Grund dafür dürfte in kulturellen Unterschieden der jeweiligen Gesellschaften und den in ihnen verankerten Traditionen von Citizenship liegen (vgl. Turner 1990). Allerdings gilt ganz prinzipiell, dass der Bürger und die Staatsbürgerschaft inzwischen einen prominenten Platz in sozialwissenschaftlichen Analysen der Bestands- und Integrationsbedingungen moderner Gesellschaften einnehmen, und das ist zweifellos Ausdruck der Dynamik beider Konzepte.

Die Rekonstruktion des soziologischen Konzepts der Staatsbürgerschaft hat gezeigt, dass die der Staatsbürgerschaft inhärente Dynamik im Spannungsverhältnis der gleichzeitigen Institutionalisierung von Faktoren der Gleichheit und der Legitimation sozialer Ungleichheit zu suchen ist. Gleichwohl ist das Spannungsverhältnis von *formaler Gleichheit* und *realer Ungleichheit* nur eines von vier Spannungsverhältnissen, die für diese Dynamik verantwortlich sind. Nicht weniger entscheidend sind jene von *Status* und *Praxis*, *Universalismus* und *Partikularismus* sowie von *Inklusion* und *Exklusion*.

Bevor diese Spannungsverhältnisse im Einzelnen diskutiert und exemplarisch für jedes von ihnen eine der zentralen Debatten um Citizenship skizziert werden, muss jedoch genauer geklärt werden, was es mit der Vorstellung der Dynamik von Staatsbürgerschaft auf sich hat.

3.1 Der dynamische Kern der Staatsbürgerschaft

„Keine gesellschaftliche Figur ist dynamischer als der Bürger". Mit dieser apodiktischen Feststellung hat Ralf Dahrendorf (1974, dt. 2000, 133) die Erfolgsgeschichte des Bürgers auf den Punkt gebracht. Er sei sowohl in historischer Perspektive Leitbild für aufstrebende gesellschaftliche Gruppen gewesen, wie etwa die vermögenden Städter der Feudalgesellschaft, die Klasse der Industriellen des 18. und 19. Jahrhunderts, wie auch für die gegenwärtigen Bildungs- und Freizeitklassen; und nicht zuletzt gelte das auch für jene Gruppen, die sich von Abhängigkeit und Unterdrückung befreiten, wie Leibeigene, Untertanen, Kolonialisierte, Minoritäten oder auch die Frauen (vgl. ebd.). Diese historisch einzigartige Bedeutung vermittelt eine erste Vorstellung davon, welche Dynamik mit dem Staatsbürgerstatus verbunden ist: „Hat Staatsbürgerschaft in einer Gesellschaft erst Wurzeln geschlagen, breitet sie sich ähnlich einer wuchernden Pflanze aus; sie schließt nach und nach so viele Mitglieder einer Gemeinschaft und so viele Bereiche ihres sozialen Lebens so umfassend wie möglich ein" (ebd., 138).

Auch Dahrendorf geht davon aus, dass der Kern moderner Staatsbürgerschaft im Spannungsverhältnis zwischen den formal gleichen Rechten aller Staatsbürger und den realen, legitimen Ungleichheiten zwischen ihnen besteht. Er definiert diese beiden Seiten als Verhältnis von *Anrechten* und *Ansprüchen* und betont, dass die historische Dynamik der Staatsbürgerschaft in jenen gesellschaftlichen Kämpfen zum Ausdruck kommt, die auf die Durchsetzung formaler Gleichheit gerichtet sind. Diese Konflikte bringen die „scheinbar unaufhaltsame Expansion einer sozialen Rolle zum Ausdruck, zu der der Zugang ursprünglich hochgradig eingeschränkt war" (ebd., 138), denn sie zielen auf Inklusion in die Rolle des Bürgers. Diese ist durch ein Set fundamental gleicher Rechte auf Partizipation definiert und garantiert Chancengleichheit, auf deren Grundlage der Bürger in einem Universum von Wahlmöglichkeiten individuelle Entscheidungen zu treffen hat.

Staatsbürgerrechte sind Möglichkeitshorizonte, innerhalb derer Bürger aktiv werden und Partizipationschancen nutzen können, ohne dass damit ein spezifisches Resultat – ein spezifischer Schulabschluss, eine staatlich garantierte Rundumversorgung oder die vollständige Verwirklichung der eigenen politischen Vorstellungen – garantiert wäre. Dahrendorf stellt mit diesem Hinweis noch einmal klar, worin der eigentliche Sinn und Zweck der Staatsbürgerschaft besteht, und er macht zugleich darauf aufmerksam, dass der mit der Durchsetzung der Staatsbürgerschaft einhergehende enorme Emanzipationsprozess an einen Punkt geführt habe, an dem die Errungenschaften des Bürgers in Frage zu stehen scheinen. Die Kehrseite der Entwicklung kommt nämlich in jenen Auseinandersetzungen zum Ausdruck, die sich nicht auf die Durchsetzung formaler Gleichheit, sondern auf die Realisierung von Ansprüchen beziehen, wodurch all jene durch die Staatsbürgerrechte selbst legitimierten Ungleichheiten in Frage gestellt werden: „Als soziale Gruppen und deren Repräsentanten erkannt hatten, dass sich Chancengleichheit prinzipiell nicht vollständig verwirklichen lässt und radikalere Forderungen sich politisch auszahlten, richtete sich ihre Aufmerksamkeit auf Ungleichheiten, die den Kern jedweder Sozialstruktur bilden" (ebd., 141).

3.1 Der dynamische Kern der Staatsbürgerschaft

Sicher, es die Achillesferse des Konzepts der Staatsbürgerschaft, dass eine Gesellschaft kaum dazu in der Lage ist, vollständige Chancengleichheit für alle Staatsbürger herzustellen, und schon Marshall und Parsons waren sich darüber im Klaren, dass gerade im Hinblick auf Chancengleichheit im Bildungswesen die Familie auch und gerade in modernen Gesellschaften diejenige Institution ist, die vor dem Eintritt von Kindern in das Schulsystem völlig unterschiedliche Ausgangsbedingungen schafft. Dass es sich hier um eine „Illusion der Chancengleichheit" (Bourdieu und Passeron 1971) handelt, hat jüngst die PISA-Studie gezeigt, und gerade in Deutschland spricht die Abhängigkeit des Schulerfolgs von Kindern von der Klassenlage ihres Elternhauses Bände über diese Problematik.

Das Ideal der Chancengleichheit, deren immer weiter vorangetriebene Verwirklichung Aufgabe des modernen Staates ist, nun aber prinzipiell zurückzuweisen hat eine fatale Folge: Es geht dann nicht mehr um die formale Gleichheit der Bürger und die für alle gleichen Ausgangsbedingungen, sondern darum, absolute Gleichheit zu fordern. Eine solche Entwicklung würde jedoch dazu führen, dass „die Dynamik von Citizenship (…) am Ende jenes Gleichgewicht von Gleichheit und Freiheit zerstören (könnte), für dessen Schaffung sie so einzigartig geeignet schien" (Dahrendorf 2000, 133). Diese Befürchtung ist keineswegs unbegründet, und Dahrendorfs Unterscheidung zwischen der Seite der *Anrechte* und jener der *Ansprüche* macht deutlich, dass der emanzipatorische Prozess der Durchsetzung formaler Gleichheit damit quittiert wird, dass gesellschaftliche Gruppen die mit der Institutionalisierung moderner Staatsbürgerschaft verbundene Rechtfertigung und Legitimation einer „Statushierarchie" und „sozialer Schichtung" weder als legitim betrachten noch bereit sind, diese hinzunehmen.

Es ist Dahrendorfs zentrales Argument, dass eine immer weiter vorangetriebene Durchsetzung von Rechtsansprüchen durch soziale Gruppen in modernen Gesellschaften – der Versuch, absolute Gleichheit herzustellen – inzwischen dazu geführt hat, dass die Dynamik der Staatsbürgerschaft sich auf sozialer, politischer und ökonomischer Ebene in ihr Gegenteil verkehrt. Welche *Probleme* entstehen, wenn die Forderungen gesellschaftlicher Gruppen nicht mehr auf die Seite der Anrechte und damit auf Partizipationschancen, sondern auf jene der Ansprüche und damit auf verbürgte Resultate gerichtet sind, und welche *Konsequenzen* der Versuch, absolute Gleichheit herzustellen nach sich zieht, lässt sich knapp für die Sphären Bildung, Politik und Ökonomie skizzieren:

Bildung: Das Problem in dieser Sphäre besteht darin, dass es nicht mehr darum geht, allen die Möglichkeit zu eröffnen am Bildungssystem zu partizipieren und durch persönliche Initiative einen Abschluss zu erlangen, der dann in eine spezifische Berufsposition überführt werden kann. Vielmehr soll mit Eintritt in eine bestimmte Bildungsinstitution ein spezifischer Bildungsabschluss garantiert werden. Das führt im *Bildungssektor* dazu, dass die vollständige Durchsetzung gleicher Bildungschancen als vermeintlicher Ausdruck absoluter Gleichheit in letzter Konsequenz zu einer Verschiebung von Chancengleichheit zu einer Gleichheit der Resultate von Bildungsanstrengungen führt. Die Wahlmöglichkeiten des Bürgers werden so beschränkt.

Politik: Hier geht es nicht mehr darum, als Bürger durch aktives und passives Wahlrecht an der Bestellung staatlicher Macht mitzuwirken und so eine repräsentative Regierung zu wählen; im Namen der Gleichheit sollen vielmehr die faktischen, schon von Parsons hervorgehobenen Machtdifferenzen zwischen der Bevölkerung und ihren Repräsentanten aufgehoben werden. Die Bürger sollen unter Bedingungen einer direkten Demokratie permanent selbst, ohne dazwischen geschobenen Repräsentanten, an allen relevanten, die res publica betreffenden Entscheidungen unmittelbar beteiligt sein. Dieser Versuch, absolute Gleichheit herzustellen, hat in der *politischen Sphäre* weitreichende Konsequenzen, denn in dem Maße, in dem die Dynamik politischer Rechte zur Durchsetzung partizipatorischer Demokratie führt, wird politische Herrschaft blockiert, was zu einer totalen Bewegungslosigkeit auf politischer Ebene führt.

Ökonomie: Das Problem besteht hier darin, dass es für die Arbeiter nicht mehr darum geht, zu den in einem Arbeitsvertrag festgeschriebenen Bedingungen in einem auf Privatbesitz beruhenden Betrieb oder Unternehmen ihre Arbeitskraft zu verausgaben, Güter zu produzieren und dafür einen zuvor vereinbarten Lohn zu erhalten. Vielmehr sollen sie im Namen der Gleichheit die Geschicke eines solchen Betriebes selbst übernehmen, den demokratiefreien Raum der Ökonomie demokratisieren und im Rahmen einer industriellen Demokratie als Gleiche gemeinsam produzieren sowie Entscheidungen über die Planung der Produktion und die Produktion selbst treffen. Und auch eine derartige „sektorale Staatsbürgerschaft" (ebd., 148) hat zur Folge, dass die Ökonomie durch die vollständige Realisierung staatsbürgerlicher Prinzipien von der Gesellschaft abgekoppelt wird und daraus eine Immobilität ökonomischen Handelns resultiert.

Dahrendorfs Analyse der Probleme und Konsequenzen einer zu weit getriebenen Durchsetzung der Ansprüche gesellschaftlicher Gruppen zeigt, dass die enorme Dynamik der Staatsbürgerschaft gerade darin besteht, dass das Spannungsverhältnis zwischen formaler Gleichheit und legitimer sozialer Ungleichheit nicht im Namen einer vermeintlichen absoluten Gleichheit aufgelöst wird. Das Spannungsverhältnis muss in gesellschaftlichen Auseinandersetzungen vielmehr immer wieder aufs Neue ausgelotet werden. Nicht anders verhält es sich mit den bereits aufgeführten Spannungsverhältnissen von Status und Praxis, Universalismus und Partikularismus sowie Inklusion und Exklusion. Sie alle stellen gleichwohl analytische Unterscheidungen dar; in der Realität sind sie nicht trennscharf, sodass sich hier vielfältige Überlappungen feststellen lassen. Gleichwohl lassen sich die um Citizenship geführten Debatten entlang der einzelnen Spannungsverhältnisse systematisieren.

3.2 Formale Gleichheit und reale Ungleichheit

Dieses Spannungsverhältnis und seine Bedeutung für die Dynamik der Staatsbürgerschaft ist bei der Rekonstruktion der Ansätze von T.H. Marshall, Talcott Parsons und Ralf Dahrendorf herausgearbeitet geworden. Der liberale Zuschnitt ihrer Analysen bekräftigt zum einen die Bedeutung formaler Gleichheit, zum anderen die Legitimität der durch den gleichen Zugang aller zum Bildungssystem erzeugten realen Ungleichheiten. Darüber hinaus sind sie sich aber auch der Bedeutung sozialer Rechte bewusst, die zum einen vor gravierenden sozialen Ungleichheiten schützen, und zum anderen für die Bürger erst die Möglichkeit schaffen, ihre Bürgerrechte effektiv wahrzunehmen. Im Zentrum der Auseinandersetzungen um das Verhältnis zwischen formaler Gleichheit und realer Ungleichheit steht deshalb zwangsläufig der Wohlfahrtsstaat und die um ihn geführten politischen Auseinandersetzungen.

3.2.1 (Neo)Liberalismus und soziale Rechte

Die in den 1980er Jahren in Großbritannien einsetzende Debatte um die Staatsbürgerschaft, ihre Bedeutung in modernen komplexen Gesellschaften mit einer kapitalistischen Ökonomie, ist eine unerwartete Konsequenz des sich hier seit den späten 1970er Jahren abzeichnenden Paradigmenwechsels in der britischen Wirtschaftspolitik. Die Marktrevolution in Großbritannien und die wenige Jahre später durchgesetzten „Reagonomics" in den Vereinigten Staaten von Amerika können als der erste Schritt einer Befreiung des Marktes aus staatlichen Regulierungen, und damit als Beginn des Siegeszuges des Neoliberalismus als heute weltweit herrschender ökonomischer Lehre und Ideologie verstanden werden.

Bis zu diesem Zeitpunkt war die Politik an den Lehren des Ökonomen John Maynard Keynes orientiert gewesen, der in seinem Werk „The General Theory of Employment, Interest and Money" (1936) dem Staat die Rolle einer Globalsteuerung der Gesellschaft zugewiesen hatte. Doch die im Umkreis von Margaret Thatcher vorbereitete „konservative Revolution" brach radikal mit diesen Annahmen und folgte den ökonomischen Lehren Friedrich von Hayeks, der in seinem Werken „Individualismus und wirtschaftliche Ordnung" (1952), „Die Verfassung der Freiheit (1991) und „Der Weg zur Knechtschaft" (1994) Keynes' Lehren verworfen hatte.

Seine Vorstellungen wurden zur ökonomischen Grundlage der (neo)liberalen Politik der britischen Konservativen, deren Ziele – die Reduktion der Staatsaufgaben und die gleichzeitige Stärkung der „Angebotsseite" der Wirtschaft (vgl. Cockett 1995) – zwangsläufig zu tief greifenden Veränderungen in der britischen

Gesellschaft führten. Die Leistungen des Wohlfahrtsstaates wurden beschränkt, um die Staatsausgaben zu reduzieren, die direkten Interventionen des Staates in die Wirtschaft vermindert, staatliche Unternehmen verkauft und eine Politik der „Privatisierung" eingeleitet, die enorm hohen, leistungsfeindlichen Steuersätze reduziert, und das Staatsdefizit sollte gesenkt werden (vgl. Yergin und Stanislaw 2001).

Margaret Thatcher hatte mit ihrer Ankündigung, sie kenne keine Gesellschaft, nur Individuen und Familien deutlich gemacht, dass die soziale Sicherung keineswegs die wichtigste Aufgabe des Staates sei: „Der Thatcherismus verschob das Schwergewicht von der Verantwortung des Staates auf die Verantwortung des Einzelnen und versuchte der Eigeninitiative, Leistungsanreizen und der Schaffung von Wohlstand höchsten Vorrang einzuräumen, statt Umverteilung und Gleichheit das Wort zu reden" (ebd., 165).

Was folgte, waren deshalb auch deutliche Einschnitte in das soziale Netz, und es ist diese weitgehende Aufkündigung wohlfahrtsstaatlicher Absicherung, die die britische Linke als Beschneidung staatsbürgerlicher Rechte kritisierte. Die neue politische Ausrichtung der Regierung insgesamt wurde als politischer Angriff auf den Staatsbürgerstatus verstanden: Mit der Beschneidung des Wohlfahrtsstaates, der zunehmenden Zentralisierung der Macht, der Erosion lokaler Demokratie, der freien Rede, der Macht der Gewerkschaften und anderer bürgerlicher Rechte (Hall und Held 1989, 173) stand eine ganze Reihe der mit der Durchsetzung staatsbürgerlicher Rechte erkämpften Errungenschaften zur Debatte.

Doch nicht nur die Bürger Großbritanniens machten die Erfahrung, dass einmal erkämpfte Staatsbürgerrechte weder langfristig gesichert noch unwidersprochen akzeptiert sind. Im Zuge der Ölkrise von 1973 teilten alle kapitalistischen, liberal-demokratischen Gesellschaften diese Erfahrung. Die ökonomische Krise führte den Bürgern der meisten OECD-Staaten unmissverständlich vor Augen, dass die Ausgaben des jeweiligen nationalen Bruttosozialproduktes für wohlfahrtsstaatliche Leistungen nicht naturwüchsig weiter steigen würden und die Ausgaben des Wohlfahrtsstaates für Bildung, Gesundheit, Erziehung, soziale Sicherung etc. zur Disposition standen. Was bis zu diesem Zeitpunkt als zivilisatorischer Standard gesichert schien, wurde durch die konservativen Revolutionen dies- und jenseits des Atlantiks radikal in Frage gestellt.

Die Marktrevolutionen in Großbritannien und den Vereinigten Staaten wären ohne ein entsprechendes Arsenal an liberalen Argumenten nicht denkbar gewesen, und so finden sich spätestens seit den 1980er Jahren auf der Seite der Neuen Rechten all jene bis heute immer wieder aufs Neue vorgetragenen Positionen der Verteidiger und Befürworter einer ausgewiesen neoliberalen Politik. Dabei lässt sich eine ökonomische und eine moralische Argumentation unterscheiden. In *ökonomischer* Hinsicht folgen die Argumente der Lehre Hayeks. Die aus den sozialen

Rechten der Bürger abgeleiteten Ansprüche wurden zurückgewiesen, da sie zum einen mit den negativen Freiheitsrechten unvereinbar und zum anderen ökonomisch ineffizient seien. Ein zu weit ausgebauter Wohlfahrtsstaat zerstöre vielmehr die Kräfte des Marktes und verhindere wirksame Anreize zu individuellem Handeln. Damit führe der Wohlfahrtsstaat direkt auf den von Hayek beschriebenen „Weg zur Knechtschaft". Insgesamt, so die Kritik, könne gerade eine liberale Marktgesellschaft die Bedingungen für volle Staatsbürgerschaft schaffen. Die wohlfahrtsstaatlichen Institutionen und das Ziel der Gleichheit zwischen den Bürgern hingegen zerstörten diese Bedingungen (Saunders 2006; vgl. Eder 1994).

Neben dieser ökonomischen Kritik führten die britischen Konservativen aber auch *normative* Argumente ins Feld. Attackiert wurde die Umverteilungspolitik des Wohlfahrtsstaates, die geradezu zwangsläufig zu Konflikten zwischen Steuerzahlern und Empfängern wohlfahrtsstaatlicher Leistungen führe; ferner wurde die wohlfahrtsstaatliche Unterstützung allein Erziehender kritisiert, die einer weiteren Desintegration von Familien Vorschub leiste; und schließlich wurde behauptet, der Wohlfahrtsstaat schränke den Wert individueller Freiheit ein, er zerstöre geradezu die politische Freiheit des Einzelnen und degradiere das Individuum zum Klienten wohlfahrtsstaatlicher Bürokratien.

Gegen diese neoliberalen Angriffe wird auf der Linken – ganz in Marshalls Sinn – nach wie vor die Vorstellung vertreten, dass erst die sozialen Staatsbürgerrechte ein „empowerment" der Bürger ermöglichen, durch das sie ihre Rechte effektiv wahrnehmen und ihre Pflichten erfüllen können. Bestritten wird dabei, dass es einen nachweisbaren Zusammenhang zwischen dem freien Spiel der Märkte und einem gesteigerten Verantwortungssinn der Bürger gebe; es wird darauf hingewiesen, dass deregulierte Märkte eine Voraussetzung für ökonomisch riskantes Verhalten darstellen, was durch die Spekulationsgeschäfte während der Hochzeit der New Economy in den 1990er Jahren und angesichts der Maximen des Shareholder-Kapitalismus durchaus bestätigt wurde; die Kritiker der Marktgesellschaft bezweifeln ferner den behaupteten Reintegrationseffekt benachteiligter Bürger durch die Kürzung wohlfahrtsstaatlicher Unterstützung; es komme dadurch nicht zu einer Aktivierung benachteiligter oder ausgegrenzter Bevölkerungsteile, sondern viel eher zu einer Verschärfung sozialer Unterschiede (vgl. King und Waldron 1988).

Mit der Durchsetzung des Neoliberalismus hat sich die Debatte um soziale Rechte im Verlauf der letzten zwanzig Jahre allerdings stark verändert. So können einerseits Versuche beobachtet werden, das britische Bildungswesen mit Marktelementen „anzureichern" (marketization), um Partizipationschancen für Bürger zu erhöhen und gleichzeitig die Bildungsinstitutionen selbst dazu zu zwingen, durch ihr jeweiliges Bildungsangebot um Schüler zu konkurrieren (Crouch 1998+2006; Crouch, Eder und Tambini 2001b). Andererseits zeigt Cox (1998) wie sich insbesondere durch Austeritäts- und Rentenpolitiken, die Dezentralisierung der Verwaltung und eine erneute Betonung der mit der Staatsbürgerschaft verbundenen Pflichten der Charakter wohlfahrtsstaatlicher Regime verändert hat. Die durchgeführten Reformen des Wohlfahrtsstaates haben mindestens drei entscheidende Konsequenzen: erstens gilt es nicht mehr als Aufgabe des Wohlfahrtsstaates, Bürgern eine optimale Versorgung zu gewährleisten; vielmehr geht es darum, ein Minimum an Versorgung sicherzustellen; zweitens wird das Solidarprinzip durch ein Prinzip ersetzt, in dem individuell erworbene Ansprüche maßgebend sind und Fälle viel stärker als früher individuell behandelt werden; drittens wurde ein Reziprozitätsprinzip eingeführt, sodass nun immer häufiger erwartet wird, dass für Leistungen des Wohlfahrtsstaates Gegenleistungen von den Bürgern erbracht werden.

Deutlich wird durch diese Veränderungen, dass im Gegensatz etwa zu unveräußerlichen Grundrechten die Gewährung sozialer Rechte und damit auch das Ausmaß der Umverteilung in Gesellschaften von spezifischen Rahmenbedingungen abhängig sind. Der universalistische Charakter sozialer Rechte ist weitgehend aufgegeben worden und einer Individualisierung der Anspruchsberechtigung gewichen. Der Begriff der „Konditionalität sozialer Rechte" deutet auf den Versuch hin, mittels spezifischer Kriterien jene Bürger zu bestimmen, die unverschuldet in eine Notlage geraten und daher „würdig" sind, in den Genuss wohlfahrtsstaatlicher Unterstützungen zu kommen; sie sollen von denjenigen unterschieden werden, die sich aus eigenem Verschulden in einer solchen Lage befinden und deshalb nicht berechtigt sind, Unterstützungsleistungen des Wohlfahrtsstaates in Anspruch zu nehmen.

Gerade diese neueren Entwicklungen zeigen, dass es in der Auseinandersetzung um den Wohlfahrtsstaat und die sozialen Staatsbürgerrechte nicht nur um das Verhältnis von formaler Gleichheit und realer Ungleichheit geht. In dem Maße, in dem hier die aktive Beteiligung der Bürger eingefordert wird, verweist die Diskussion auch auf das Verhältnis von Status und Praxis, d.h. auf die prinzipielle Frage, ob Citizenship ausschließlich als ein rechtlich verbürgter Status zu begreifen sei oder ob sie nicht vielmehr als Praxis, als Beteiligung des Bürgers an den in der Gesellschaft offerierten Partizipationschancen verstanden werden müsse.

3.3 Status und Praxis

Die unterschiedlichen Konzeptionen der Staatsbürgerschaft als Status oder Praxis wurzeln in den gegensätzlichen sozialphilosophischen Traditionen von *Liberalismus* und *Republikanismus* (vgl. Nisbet 1974; Oldfield 1990; van Gunsteren 1994).

3.3 Status und Praxis

Beide liegen dem modernen Verständnis der Staatsbürgerschaft zugrunde, doch sie haben gänzlich unterschiedliche Vorstellungen von Staatsbürgerschaft und der Rolle des Bürgers entwickelt.

Es ist John Stuart Mill, der 1859 in seinem Essay „On Liberty" zum Schutz des Einzelnen vor der zunehmenden gesellschaftlichen Macht und zum Schutz des Einzelnen vor dieser Macht und der Tyrannei der Mehrheit die grundlegenden individuellen Freiheitsrechte formulierte. Das Prinzip der Freiheit meint erstens die „Gewissensfreiheit im weitesten Sinne, ferner Freiheit des Denkens und Fühlens, unbedingte Unabhängigkeit der Meinung und der Gesinnung" und die „Freiheit, Meinungen in Wort und Schrift zu vertreten"; zweitens „verlangt dies Prinzip Freiheit des Geschmacks und der Studien, Freiheit einen Lebensplan, der unseren eigenen Charakteranlagen entspricht, zu entwerfen, und zu tun, was uns beliebt, ohne Rücksicht auf die Folgen und ohne uns von unseren Zeitgenossen stören zu lassen – solange wir ihnen nichts zuleide tun"; und drittens schließlich folgt aus der Freiheit jedes Einzelnen „die Erlaubnis, sich zu jedem Zweck zu vereinigen, der andere nicht schädigt" (Mill [1859] 1980, 20). Mit den negativen Freiheitsrechten, dem Schutz des Eigentums und der Beschneidung staatlicher Macht, durch die die Privatsphäre des Individuums geschützt werden soll, begründete Mill die liberal-individualistische Tradition der Staatsbürgerschaft. Sie macht die Bedürfnisse und Rechtsansprüche des Bürgers zur Grundlage seines *Status*; seine Pflichten erschöpfen sich darin, die Rechte der anderen Bürger zu achten, Steuern zu zahlen und das Land zu verteidigen; die sozialen Beziehungen werden als vertragliche Rechtsbeziehungen begriffen. Die liberal-individualistische Tradition formuliert damit eine *private* und *passive* Konzeption des Bürgers als *bourgeois*.

Jean-Jacques Rousseaus Verständnis des Staatsbürgers gründet auf einer idealisierenden Vorstellung der antiken Stadtstaaten Sparta und Rom, die er als homogene Gemeinwesen mit geteilten Traditionen und einer aktiven, an den öffentlichen Belangen partizipierenden politischen Bürgerschaft begriff. Im „Gesellschaftsvertrag" von 1762 entwickelte Rousseau die Vorstellung des politisch mündigen Bürgers, der seine natürlichen Freiheiten willentlich abtritt, sich dem Gemeinwillen (volonté générale) unterwirft und so einen idealen Staat schafft: „Gemeinsam stellen wir alle, jeder von uns seine Person und seine ganze Kraft unter die oberste Richtschnur des Gemeinwillens; und wir nehmen, als Körper, jedes Glied als untrennbaren Teil des Ganzen aus" (Rousseau [1762] 1986, 18). Dem ins Private abgedrängten Staatsbürger stellt die im Anschluss an Rousseau entwickelte bürgerlich-republikanische Tradition die Idee des Staatsbürgers als *citoyen* gegenüber (vgl. Riedel 1979). Der Bürger gilt ihr als Teil einer spezifischen Gemeinschaft, in der die sozialen Bande auf einer gemeinsam geteilten Vorstellung des guten Lebens beruhen; damit werden die *Pflichten* gegenüber dem

Gemeinwesen betont, und hier vor allem die *öffentliche Praxis* und die *politische Partizipation* des Bürgers an den Angelegenheiten der Gemeinschaft.[7]

3.3.1 Die Kommunitarismusdebatte

Die Auseinandersetzung zwischen den Traditionen von Liberalismus und Republikanismus ist keineswegs ein erledigter sozialphilosophischer Streit. Die Integrationsprobleme moderner Gesellschaften entfachten in den 1980er Jahren vielmehr eine der wichtigsten sozialphilosophischen Kontroversen der zweiten Hälfte des 20. Jahrhunderts. In der sogenannten Kommunitarismusdebatte geht es im Kern um die Frage nach den Möglichkeiten und Grenzen des Liberalismus für die Konstitution einer gerechten sozialen Ordnung.

Was sind die Voraussetzungen und Grundlagen einer gerechten sozialen Ordnung? Das ist die Ausgangsfrage der Debatte, in der sich Liberale und Kommunitaristen gegenüberstehen. Für Erstere ist das mit Rechten ausgestattete Individuum der unhintergehbare Ausgangspunkt einer spezifischen Gerechtigkeitskonzeption; Letztere hingegen betonen die von Individuen in Gemeinschaften geteilten Normen und Werte, weshalb für sie gemeinsame Traditionen die grundlegende Bedingung einer gerechten Sozialordnung darstellen.

Der Konflikt zwischen beiden Positionen entzündete sich an einer Grundannahme des Philosophen John Rawls, der in seinem Hauptwerk „Eine Theorie der Gerechtigkeit" (1979) ein vertragstheoretisches Modell entwickelt hat. In diesem hatte er einen Urzustand angenommen, in dem sich Individuen unter einem „Schleier des Nichtwissens" auf Gerechtigkeitsgrundsätze für eine spezifische Gesellschaftsstruktur einigen. Die angenommenen Kennzeichen dieses Urzustandes bestehen darin, dass niemand seine Stellung in der Gesellschaft, seine Klasse oder seinen Status, seine Verfügung über natürliche Gaben wie Intelligenz oder Körperkraft und ebenso wenig seine Vorstellung vom Guten und seine besonderen psychologischen Neigungen kennt (Rawls 1979, 29). Diese Vorstellung, dass eigenschaftslose, voneinander isolierte, atomistische Wesen dazu in der Lage sein sollten, eine gerechte Sozialordnung zu erzeugen, bewog Sandel (1993) zu einer Kritik an Rawls' Konzeption des „ungebundenen Selbst". Gegen die liberale Idee einer ausschließlich über individuelle Rechte konstituierten Gesellschaft, behauptete er den Vorrang einer gemeinsamen Konzeption des Guten vor dem Rechten.

---

7 Vergleiche zu sozialphilosophisch unterschiedlich begründeten Konzeptionen moderner Staatsbürgerschaft van Gunsteren (1978a+b); Miller, D. (1995); Oldfield (1990).

3.3 Status und Praxis

Im Gegenzug begründete Rawls (1993) seine Konzeption der „Gerechtigkeit als Fairneß" politisch, wodurch deutlich wurde, dass es sich keineswegs um abstrakte voneinander isolierte Individuen handelt: Unter dem „Schleier des Nichtwissens" treffen sich vielmehr „konkrete Staatsbürger, die in der Tradition der westlichen Demokratie moralisch groß geworden sind" (Honneth 1993, 12). Im Zentrum der Kommunitarismusdebatte steht damit das Problem der Staatsbürgerschaft (Mouffe 1992b, 60).

Zwischen Liberalen und Kommunitaristen ist jedoch umstritten, was den Bürger zum Bürger macht. Rechtsbeziehungen auf der einen, gemeinschaftliche Bezüge auf der anderen Seite markieren zwar die gegensätzlichen Vorstellungen, gleichwohl können beide Positionen nicht als einheitliche Pole der Debatte verstanden werden. Eine Systematisierung führt eher zu je zwei prinzipiellen Modellen, die Forst (1993) auf liberaler Seite als Modelle eines *modus vivendi* und eines *übergreifenden Konsenses* bestimmt hat, während er jene auf der Gegenseite als *substantialistisches* und *republikanisches* Modell beschreibt.

Das radikal liberale Modell des „modus vivendi" beschränkt sich darauf, dass Verfahrensregeln rationaler Argumentation und Nichtargumentation sowie gegenseitiger Respekt als Voraussetzungen für eine gerechte soziale Ordnung genügen (vgl. Larmore 1993); hingegen fordert das gemäßigt liberale Modell des „übergreifenden Konsenses", dass darüber hinaus die Bürger auch über „Tugenden sozialer Kooperation, gegenseitiger Toleranz und eines Sinnes für Gerechtigkeit" verfügen müssen (Forst 1993, 198f.). Die Modelle auf kommunitaristischer Seite betonen für ein Verständnis der Grundlage der Staatsbürgerschaft im Gegensatz dazu viel stärker die Verankerung der Bürger in einer spezifischen Gemeinschaft. Während das „substantialistische Modell" davon ausgeht, dass der Bürger sich mit der Gemeinschaft als einem sittlichen Ganzen identifizieren müsse, um Erhalt und Stabilität derselben zu garantieren, bewegt sich das „republikanische Modell" zwischen den Extremen beider Seiten: „Das politische Leben ist nicht der Ort des guten Lebens, und Staatsbürgerschaft definiert sich nicht über die Mitgliedschaft in einer kulturell-sittlich integrierten Gemeinschaft, doch heißt Staatsbürgerschaft auch, als Mitglied eines Gemeinwesens Autor von dessen Gesetzen zu sein, für die Gemeinschaft als ganzes Verantwortung zu übernehmen und gesellschaftliche Solidarität zu üben" (ebd., 201).

Es zeigt sich, dass die kommunitaristischen Modelle im Gegensatz zu den liberalen die republikanische Tradition des politisch aktiven Bürgers neu beleben, aber auch im Hinblick auf die Betonung des republikanisch inspirierten partizipatorischen Engagements des Bürgers an der *res publica* moderner Gesellschaften lassen sich zwei wichtige Positionen unterscheiden.

Rousseau steht nirgends so deutlich Pate wie in Barbers (1994) Konzeption einer „starken Demokratie". Er grenzt seinen demokratietheoretischen Entwurf sowohl gegen das liberale Modell der „repräsentativen Demokratie" als auch gegen eine auf der Idee gemeinsamer Blutsbande aller Staatsbürger beruhenden „Einheitsdemokratie" ab. Es ist der öffentliche Raum, in dem das Individuum zum Bürger wird. Im politischen Prozess werden Fremde zu Nachbarn; durch die Partizipation an den gemeinsamen Institutionen der Selbstregierung entsteht Nähe zwischen ihnen und ein gemeinsames Bewusstsein; die entscheidende bürgerliche Tugend ist das zivile Verhalten selbst (vgl. ebd., 219). Bürgerschaft gilt Barber als „moralische Identität par excellence" (ebd., 220), als ideale Grundlage definiert er einen unter den Bürgern herrschenden *kreativen Konsens*, „eine Übereinkunft, die gemeinsamem Sprechen, gemeinsamer Entscheidung und Arbeit entspringt, aber auf aktiver und beständiger Partizipation der Bürger an einem Prozess beruht, in dem Konflikte durch Herstellung eines gemeinsamen Bewusstseins und durch politisches Urteilen transformiert werden" (ebd., 221).

Im Gegensatz zu diesem rousseauistisch imprägnierten Verständnis partizipativer Staatsbürgerschaft gehen Robert Bellah u.a. (1985) den von Alexis de Tocqueville ([1835] 1987a; [1840] 1987b) beobachteten „Gewohnheiten des Herzens" nach, die dieser als grundlegend für ein Verständnis der amerikanischen Demokratie als einer Lebensweise begriff. Im Mittelpunkt eines Verständnisses von Staatsbürgerschaft steht dabei die Idee eines gemeinsamen Guten einer „community" als Gegengewicht zu den Gefahren des bereits von Tocqueville beobachteten Individualismus in der amerikanischen Gesellschaft.

Die „Idee des guten Lebens" scheint in der amerikanischen Gesellschaft in dem Maße verdrängt zu werden, in dem die Traditionen eines *religiösen* und *republikanischen* Individualismus durch einen *utilitaristischen* und *expressiven* Individualismus verdrängt werden; erschwerend hinzu kommt, dass eine zunehmende Zentralisierung in Politik („big government") und Ökonomie („big money") dem einzelnen Bürger als *invisible complexity* gegenübertritt und seine Partizipation in der öffentlichen Sphäre tendenziell verhindert.

Worin besteht die Lösung, die Bellah u.a. anbieten? Sie bestimmen zunächst Formen der Staatsbürgerschaft, die auf unterschiedlichen Ebenen des institutionellen Systems angesiedelt und mit bestimmten Formen von Politik verbunden sind: Während auf der Ebene der „community" nachbarschaftliche Bezüge gemeint sind, die Politik als auf Konsens beruhende, zwanglose Übereinkunft miteinander über Tradition und Herkunft verbundener Bürger begreift (vgl. Bellah u.a. 1985, 200), stehen auf einer bereits institutionell vermittelten Ebene die „politics of interest" im Mittelpunkt. Hier werden die politischen Auseinandersetzungen von zumeist professionellen Politikern geführt. Das dieser Ebene entsprechende Verständnis von Citizenship ist bereits von der alltäglichen Realität der Bürger entfernt. Die dritte Ebene ist die Arena der „politics of the nation", und die große Distanz des Regierungshandelns zu den einzelnen Bürgern verhindert größeres

Interesse; ihr „commitment" als Bürger bleibt hier auf symbolische Akte beschränkt (vgl. Bellah 1994, 266).

Bei aller Unterschiedlichkeit dieser beiden Demokratiekonzeptionen und den mit ihnen verbundenen Vorstellungen von der Rolle des Bürgers zeigen sich hier zwei zentrale Probleme kommunitaristischer Entwürfe: Zum einen ist nur schwer vorstellbar, wie sich moderne funktional differenzierte und heterogene Gesellschaften alleine um das Gut politischer Partizipation organisieren lassen sollen. Eine Konzeption von Staatsbürgerschaft, die, wie in Barbers Entwurf, allein die direkte politische Partizipation zum entscheidenden Kriterium erhebt, läuft Gefahr, dieser Vorstellung individuelle Freiheiten zu opfern (vgl. Mouffe 1992b, 62). Zum anderen ist aber auch die Vorstellung einer ausschließlich um die Idee eines „gemeinsamen Guten" in einer Gemeinschaft problematisch, denn „eine mit demokratischer Selbstregierung vereinbare Solidarität kann nicht ohne universale Gerechtigkeit erreicht werden; komplexe, heterogene Gesellschaften, die immer mehr die weltweite Norm als die Ausnahme darstellen, können nicht allein auf Freundschaft basieren; nur ein System egalitärer Rechte kann das Band zwischen Bürgern stiften, das eine Vorbedingung für Solidarität ist" (Benhabib 1993, 114f.).

3.4 Universalismus und Partikularismus

Das Spannungsverhältnis zwischen Universalismus und Partikularismus ist nicht weniger als die zuvor diskutierten konstitutiv für das nationale Modell der Staatsbürgerschaft, und auch aus ihm resultiert eine Dynamik, die in aktuellen Debatten ihren Niederschlag findet. Wie in Kapitel 1 gezeigt wurde, hat die Französische Revolution mit der Durchsetzung des allgemeinen und gleichen Status aller eine staatsbürgerliche Idee institutionalisiert, die zum ersten Mal in der Geschichte demokratischer Gemeinwesen einen universalistischen Anspruch erhebt. Alle Bürger eines Gemeinwesens sollen als freie und gleiche Staatsbürger anerkannt werden und über gleiche Rechte und Pflichten verfügen. Allerdings nimmt die Verkündung der Menschen- und Bürgerrechte im Jahr 1789 eine folgenreiche Differenzierung vor: Indem Bürgerrechte den französischen Bürgern und Bürgerinnen vorbehalten bleiben, während die Menschenrechte allen Menschen zuerkannt werden, wird der *universalistische* Anspruch, und damit das eigentliche Ideal der Staatsbürgerschaft, im Rahmen des Nationalstaates *partikularistisch* realisiert. Nur der Bürger der französischen Republik verfügt damit über die Staatsbürgerrechte, all jenen Individuen, die nicht zur nationalen Gemeinschaft gehören, werden sie vorenthalten.

Das Spannungsverhältnis zwischen universalistischem Anspruch und partikularistischer Verwirklichung resultiert aber nicht nur aus der Institutionalisierung der Staatsbürgerschaft innerhalb nationalstaatlicher Grenzen; im Zuge postmoderner Debatten um „Multikulturalismus", „Differenz" und „Identität" wird der Anspruch auch von anderer Seite in Frage gestellt. Aufgrund der sich im Innern von Nationalstaaten vollziehenden ethnischen Heterogenisierung und kulturellen Pluralisierung weisen gesellschaftliche Gruppen den Anspruch eines vermeintlich „falschen" Universalismus moderner Staatsbürgerschaft zurück und fordern Gruppen- oder Sonderrechte, um ihre partikularen Identitäten zu schützen. Diese Auseinandersetzung wird im Rahmen der Debatte um den Multikulturalismus[8] geführt, deren Grundzüge im Folgenden nachgezeichnet werden.

3.4.1 Multikulturalismus

Es geht bei den Folgen, die sich aus dem Spannungsverhältnis zwischen Universalismus und Partikularismus ergeben, nicht schlicht um die philosophische Frage, ob der Anspruch des liberalen nationalen Modells der Staatsbürgerschaft, alle Individuen ungeachtet ihrer individuellen Besonderheiten und jenseits askriptiver Merkmale als Gleiche zu behandeln, in Frage steht und durch ein anderes Prinzip ersetzt werden soll. Diese Frage verweist vielmehr auf Konflikte in westlichen Demokratien, die aus der ethnischen Heterogenisierung und kulturellen Pluralisierung ihrer Bevölkerungen resultieren, wie auch auf nationale oder ethnische Konflikte, die im Namen der Identität und Differenz als Anerkennungskonflikte geführt werden.

Der Multikulturalismus weist zum einen die Überschneidung von Identität und Nationalität als zentrales Strukturmerkmal von Staatsbürgerschaft zurück und propagiert im Gegenzug die Bedeutung des Zusammenhangs von Identität und deren öffentlicher „Anerkennung" als Voraussetzung einer Gleichbehandlung aller Bürger.

Dieser Anerkennungsdiskurs nimmt die Frage des Sozialphilosophen Charles Taylor auf, der nach der „richtigen" Interpretation liberaler Prinzipien in multikulturellen Gesellschaften fragt. Taylor (1993) selbst geht davon aus, dass die grundlegenden Prinzipien liberaler Gesellschaften überdacht werden müssen. Seine Kritik richtet sich gegen ein Verständnis von Liberalismus, der alle als Gleiche behandelt, indem er von ihren je individuellen Besonderheiten absieht; im Gegensatz dazu plädiert Taylor für eine Politik, die auf der Grundlage allgemein geltender Grundrechte sensibel für Gruppenrechte ist. Die im Rahmen einer derartigen

---

8   Die Debatte um den Multikulturalismus hat sich inzwischen als Feld der „Citizenship Studies" etabliert (vgl. Kapitel 5). Sie wird hier diskutiert, weil sie bereits zu einem frühen Zeitpunkt das Verhältnis von Universalismus und Partikularismus problematisiert hat.

3.4 Universalismus und Partikularismus

„Politik der Differenz" geforderte Anerkennung je spezifischer Unterschiede wird nicht als Ersatz für individuelle Freiheit verstanden, sondern als Absicherung und Vorbedingung für diese Freiheit (Kymlicka 2006). Die Achtung der Besonderheiten bestimmter Kulturen sieht Taylor deshalb als unabdingbare Voraussetzung für den Schutz der Identität der Mitglieder dieser Gruppen angesichts der „Multikulturalisierung" moderner Gesellschaften. Sein Vorschlag räumt den entsprechenden Gruppen die Möglichkeit ein, sich „innerhalb bestimmter Grenzen selbst zu behaupten" (ebd., 59), weist jedoch die kulturrelativistische Forderung des multikulturalistischen Lagers, allen Kulturen gleichen Wert beizumessen, zugleich zurück. Die Bedeutung der Mitgliedschaft in kulturellen Gruppen wird gewöhnlich damit begründet, dass mit Kultur und Identität zwingend Interessen verbunden seien, die mit den liberalen Prinzipien der Freiheit und Gleichheit vereinbar sind und die Gewährung von „Sonderrechten" für Minoritäten rechtfertigen (Kymlicka 2006; vgl. Tamir 1993; Miller, D. 1995; Raz und Margalit 1990).

Betrachtet man Taylors Ausführungen, so wird schnell deutlich, dass es hier nicht nur um einen Konflikt zwischen Befürwortern von Minderheitenrechten und Verteidigern des universalistischen Anspruchs des liberalen Modells der Staatsbürgerschaft geht. Vielmehr geht es hier insbesondere um die „richtige" Interpretation liberaler Prinzipien. Und hier werden von Liberalen zwei miteinander offensichtlich unvereinbare Vorstellungen von Gleichheit ins Feld geführt. Der Konflikt um die unterschiedlichen Gleichheitskonzeptionen, in denen die Spannung von Universalismus und Partikularismus und zugleich das jeweilige Verständnis von Staatsbürgerschaft zum Ausdruck kommen, liegt der gesamten Debatte um den Multikulturalismus zugrunde. Mit welchen unterschiedlichen Konzeptionen hat man es hier also zu tun?

Die „Politik gleicher Würde" und die „Politik der Anerkennung"

Das Spannungsverhältnis zwischen Universalismus und Partikularismus fasst Steven Lukes (2006) in Begriffen der „Politik gleicher Würde" und der „Politik der Anerkennung". Sie bezeichnen normative Prinzipien politischer Moral, die in einem spezifischen Sinne egalitär und Ausdruck des aufklärerischen Grundgedankens sind und davon ausgehen, dass der Staat seine Bürger als Gleiche behandeln muss. Allerdings wird dieser Grundgedanke von den beiden Prinzipien grundlegend unterschiedlich interpretiert.

Die „Politik gleicher Würde" fordert als abstraktes, unparteiisches und differenzblindes Prinzip, Menschen als Gleiche zu behandeln und ihren je individuellen Vorstellungen eines guten Lebens gleiches Gewicht beizumessen. Diese Vorstellung hat fünf Konsequenzen: *erstens* dürfen Menschen in keiner Weise zu einer bestimmten Lebensform gezwungen werden; *zweitens* ist die Neutralität des Staates gefordert; seine Politik und sein Handeln lassen sich nicht dadurch rechtfertigen, dass er eine spezifische Form des guten Lebens bevorzugt; *drittens* dürfen Einzelne aufgrund ihrer spezifischen Lebensweise, ihrer Ideen oder Ziele nicht diskriminiert werden; *viertens* wird eine unparteiische, von spezifischen Interessen gelöste Perspektive zur Beurteilung öffentlicher Entscheidungen gefordert. Der Staat wie auch die einzelnen Staatsbürger müssen dazu eine Position einnehmen, die die vielen partikularen Perspektiven einschließt und überwindet; *schließlich* verfolgt das Prinzip eine individualistische Perspektive, die das Individuum zum Adressaten von Politik macht. Der entscheidende Grund für die Gleichbehandlung aller durch den Staat ist die Autonomie jedes Individuums.

Die „Politik der Anerkennung" rückt als weniger abstraktes, parteiisches und auf Differenz achtendes Prinzip hingegen die besondere Identität eines Individuums oder einer Gruppe, bzw. des Individuums als Teil einer Gruppe, sowie deren spezifische Konzeption eines gemeinsamen Guten ins Zentrum. Nicht mehr das, worin alle gleich sind, sondern das spezifisch Besondere und Einzigartige wird entscheidend. Auch dieses Prinzip führt zu fünf Konsequenzen: *erstens* ist auch hier die Freiheit von Zwang kennzeichnend, nicht jedoch weil Zwang Autonomie begrenzen könnte, sondern weil Zwang die Authentizität, d.h. den spezifischen Ausdruck der partikularen Werte einer Gruppe unterdrückt; *zweitens* lehnt das Prinzip Forderungen nach Neutralität der Begründung (des Handelns) ab und verneint die Möglichkeit differenzblinder Begründungen und Rechtfertigungen; *drittens* wird behauptet, dass die Interessen der benachteiligten Minderheiten nur durch positive Diskriminierung gesichert und durchgesetzt werden können. Nichtdiskriminierung im Rahmen eines klassischen Konzepts von Staatsbürgerschaft wird nicht als Möglichkeit akzeptiert; *viertens* wird die Vorstellung differenzblinder Abstraktion zurückgewiesen und Parteilichkeit gefordert; *schließlich* ist das Prinzip nicht-individualistisch, insofern es Individuen als Mitglieder bestimmter Kollektive und Träger kollektiver Eigenschaften begreift (vgl. Lukes 2006; siehe Abbildung 6).

Minderheiten- und Gruppenrechte

Vor dem Hintergrund der von Lukes entwickelten Differenzierung zwischen den unterschiedlichen Gleichheitsvorstellungen der „Politik gleicher Würde" und der „Politik der Anerkennung" stellt Will Kymlickas Konzept der „Multicultural Citizenship" die fundierteste Kritik liberaler Theorie und des Universalismusanspruches moderner Staatsbürgerschaft dar.

Ziel der „Multicultural Citizenship" ist es, durch ein System von Gruppenrechten zur Lösung der aktuellen Konflikte zwischen Mehrheitsgesellschaften

3.4 Universalismus und Partikularismus

Abb. 6: Die „Politik gleicher Würde" und die „Politik der Anerkennung"

	Politik gleicher Würde	Politik der Anerkennung
	Abstraktes, unparteiisches, differenzblindes Prinzip	Weniger abstraktes, parteiisches, auf Differenz achtendes Prinzip
Konsequenzen		
Freiheit und Zwang	- Freiheit von Zwang zu einer bestimmten Lebensform - keine Begrenzung individueller Autonomie	- Freiheit von Zwang - keine Unterdrückung von Authentizität, d.h. des spezifischen Ausdrucks der partikularen Werte einer Gruppe
Rolle des Staates	- Neutralität des Staates - keine Bevorzugung einer bestimmten Form des guten Lebens	- Zurückweisung jeglichen Anspruchs auf die Möglichkeit differenzblinder Begründungen und Rechtfertigungen staatlichen Handelns
Diskriminierung	- Nicht-Diskriminierung Einzelner oder von Gruppen hinsichtlich ihrer spezifischen Art zu leben, ihrer Ideen oder Ziele	- Forderung nach positiver Diskriminierung, zum Ausgleich erlittener Benachteiligung und zur Durchsetzung der Interessen von Minderheiten
Parteilichkeit	- unparteiisches Prinzip - von spezifischen Interessen gelöste Perspektive zur Beurteilung öffentlicher Entscheidungen	- parteiisches Prinzip - Skepsis gegenüber Abstraktion und der Bedeutung von Objektivität
Individualismus/Kollektivismus	- individualistische Perspektive - das Individuum als Adressat von Politik	- nicht-individualistische Perspektive - Individuen werden als Mitglieder bestimmter Kollektive und Träger kollektiver Eigenschaften begriffen

einerseits, nationalen und ethnischen Minderheiten andererseits beizutragen. Angesichts der Bedrohungen, denen Minderheiten durch Vertreibung, ethnische Säuberungen und Völkermord oder die Assimilation durch eine erzwungene Übernahme der Sprache oder Religion einer Mehrheitsgesellschaft ausgesetzt sind, fragt Kymlicka nach den Bedingungen, unter denen ein friedliches Zusammenleben ethnisch und kulturell sich voneinander unterscheidender Bevölkerungsgruppen gewährleistet werden kann. Kymlicka (1995a) unterscheidet dazu nationale **Minderheiten** (bspw. Ureinwohner) und **ethnische Gruppen** (bspw. Immigranten), die je unterschiedliche Gruppenrechte einklagen können sollen. *Self-Government*

Rights können von nationalen Minderheiten zur Sicherstellung politischer Autonomie und territorialer Verwaltung eingefordert werden. Zur Bekämpfung der Diskriminierung von Minderheiten beinhalten *Polyethnic Rights* als zeitlich befristete Maßnahmen die Forderung, ethnische Gruppen aufgrund religiöser oder kultureller Regeln von bestimmten Vorschriften der Mehrheitsgesellschaft auszunehmen. *Special Representation Rights* schließlich sind ebenfalls zeitlich begrenzte Forderungen nationaler oder ethnischer Gruppierungen, im politischen Prozess angemessen repräsentiert zu werden. Während die letzten beiden Formen von Gruppenrechten Regeln darstellen, die in einer Übergangsphase als „affirmative action" den Integrationsprozess von Minderheiten bei Bewahrung ihrer kulturellen Identität erleichtern und vorantreiben sollen, zielen Self-Government Rights, konsequent gefordert, auf Autonomie und stärken letztlich separatistische Tendenzen.

Befürworter von Minderheitenrechten stellen das Selbstverständnis liberaldemokratischer Staaten als ethnisch und kulturell neutraler Gesellschaften radikal in Frage. Jüngst hat Kymlicka (2006) darauf hingewiesen, dass sich die Debatte um den Multikulturalismus inzwischen auf ein weiteres Problem konzentriert. Es geht nämlich nicht mehr nur um Gerechtigkeitsfragen, sondern um die Bürgerrechte selbst. Die zentrale Frage lautet jetzt, ob die Entwicklung hin zur Institutionalisierung von Minderheitenrechten bürgerliche Tugenden und Praktiken schwächen. Der Vorstellung, dass Minderheiten durch das Beharren der Mehrheit auf universalistische Rechte davon abgehalten werden, sich in die Mehrheitsgesellschaft zu integrieren, steht damit das Argument gegenüber, dass es gerade die durch Sonderrechte verliehenen Privilegien an Minderheiten sind, die den Zusammenhalt der Mehrheitsgesellschaft gefährden und die politische Stabilität gefährden (vgl. Glazer 1983, 227; Glazer 1994; Kukathas 1992).

Minderheitenrechte und Demokratie

Bereits gegen Taylors Forderung nach einer Korrektur liberaler Prinzipien im Rahmen einer „Politik der Anerkennung" hat Jürgen Habermas den Universalismus einer prozeduralistischen Rechtsauffassung verteidigt (vgl. Habermas 1996b). Er geht davon aus, dass sich „der demokratische Prozeß der Verwirklichung gleicher subjektiver Rechte auch auf die Gewährleistung der gleichberechtigten Koexistenz verschiedener ethnischer Gruppen und ihrer kulturellen Lebensformen [erstreckt]" (Habermas 1993, 172). Aus dieser Perspektive resultiert die Verpflichtung zu den von Taylor geforderten weitreichenden Statusgarantien, dem Recht auf Selbstverwaltung, infrastrukturellen Leistungen, Subventionen etc. aus *Rechts*ansprüchen und nicht aus der allgemeinen *Wert*schätzung einer bestimmten Kultur (vgl. ebd.). Gruppenrechte sind in demokratischen Rechtsstaaten deshalb nicht nur

3.4 Universalismus und Partikularismus

unnötig, sondern auch normativ fragwürdig, da der Schutz von Minderheitenkulturen die Anerkennung der einzelnen Mitglieder sichern soll und „keineswegs den Sinn eines administrativen Artenschutzes hat. Der ökologische Gesichtspunkt der Konservierung läßt sich nicht auf Kulturen übertragen" (ebd., 173). Die Gewährleistung des Zusammenlebens unterschiedlicher kultureller und ethnischer Gruppen in multikulturellen Gesellschaften erfordert vielmehr die Entkopplung der ethischen Integration von Gruppen und Subkulturen mit je eigener kollektiver Identität von der Ebene der abstrakten, alle Staatsbürger gleichmäßig erfassenden politischen Integration (ebd., 177f.).

Nicht weniger deutlich hat Offe (2006) aus demokratietheoretischer Perspektive einen möglichen Beitrag von Gruppenrechten zurückgewiesen, in liberalen Demokratien einen homogenen Demos zu sichern. Er zeigt, dass in der Debatte um Gruppenrechte weder geklärt ist, was genau eine „Gruppe" ausmacht, und welche Gruppen daher legitimerweise besondere Rechte einklagen dürfen sollen; ferner bleibt offen, wie weit solche Rechte gehen sollten, was also als angemessenes und hinreichendes Ausmaß an „Rechten" zu begreifen sei; und schließlich sei deshalb zu befürchten, dass mit der Vergabe von Rechten an ausgewählte Gruppen eine Dynamik entstehe, in der immer neue Gruppen immer mehr Rechte fordern. Offe verweist damit auf die von Dahrendorf herausgearbeitet Dynamik von Staatsbürgerschaft, und er zeigt, dass Gruppenrechte in der Tat die politische Gemeinschaft spalten und bürgerliche Bindungen schwächen können. Ein weiteres grundlegendes Problem bestehe darin, dass die Kompensation erlittener Ungerechtigkeiten nach Generationen durch neue, von Gruppenrechten verursachte Ungerechtigkeiten erkauft werde. Aus all diesen Gründen verweist Offe darauf, dass all jene Probleme, die von Gruppen angeführt werden, um die Durchsetzung von Sonderrechten zu erreichen, in liberalen Demokratien durch die Gewährung bürgerlicher, politischer und sozialer Rechte lösbar seien. Die eigentliche Herausforderung sei deshalb die Verwirklichung des liberalen Prinzips der Chancengleichheit, das besser als eine symbolischen Anerkennungspolitik geeignet sei, die von Gruppen erlittenen Nachteile zu kompensieren.

Neben diesen ernsten demokratietheoretischen Problemen ist ferner aber auch zu bezweifeln, ob, wie von Kymlicka behauptet, gerade Sonderrechte dazu in der Lage sind, zur Lösung aktuell drängender politischer Fragen wie der Bedrohung ethnischer Minderheiten durch Vertreibung oder erzwungene Assimilation durch Religion oder Sprache beizutragen. Folgt man neuesten Ansätzen zur Genozidforschung, so drängt sich der Eindruck auf, dass „eliminatorische Säuberungen" (Mann 2000) kaum durch Systeme von Gruppenrechten zu verhindern sein dürften. Es sind in historischer Perspektive nicht etwa starke Staaten oder Gesellschaften mit schwach entwickelten Zivilgesellschaften, in denen Minderheiten einer übergroßen Mehrheitsethnie gegenüberstehen und in denen es zu Konflikten bis hin zu Säuberungen kommt. Vielmehr scheint das gerade in Gesellschaften mit schwachem Staat und mit einer Vielzahl rivalisierender ethnischer Gruppierungen wahrscheinlich zu sein – aber auch hier nur unter sehr spezifischen historischen, institutionellen und politischen Rahmenbedingungen. Und ein weiterer Hinweis ist für das Problem der Staatsbürgerschaft im Kontext des Spannungsverhältnisses von Universalismus und Partikularismus von Bedeutung: Die „Politics of Identity", die die Unvereinbarkeit von offensichtlich homogen gedachten Kulturen behaupten, verneinen die Möglichkeit multipler Identitäten (Hobsbawm 1996), die erst auf der Grundlage eines universalistischen Konzepts von Citizenship möglich werden. Der universalistische Kern der Staatsbürgerschaft wird von multikulturellen Politiken aufgegeben und das verbürgte Recht auf Partizipation aller Bürger an den Verteilungskämpfen moderner Gesellschaften auf der Grundlage der Zugehörigkeit zu ethnischen oder kulturellen Gruppen reorganisiert, wodurch der einzige und allgemeine Status der Staatsbürgerschaft gegen die Mobilisierung partikularistischer, kollektiver Identitäten eingetauscht zu werden droht.

3.5 Inklusion und Exklusion

Aufs Engste mit dem Spannungsverhältnis von Universalismus und Partikularismus verbunden ist jenes von Inklusion und Exklusion, und auch die aus ihm resultierenden Fragen und Probleme hängen unmittelbar mit den Folgen der Französischen Revolution zusammen. Mit der Definition der Staatsbürger vollzog die französische Republik nicht nur die Exklusion gegenüber anderen Gesellschaften und trennte damit Bürger von Nicht-Bürgern, sie setzte zugleich ein Inklusionsgebot im Innern der Gesellschaften durch, das alle Franzosen in die Staatsbürgerrechte einbezog. Dieses Inklusionsgebot – alle Mitglieder einer Gesellschaft zu Bürgern zu machen – ist in westlichen Gesellschaften allerdings längst problematisch geworden. Ging es zunächst lediglich um die Inklusion nach innen und die Exklusion nach außen, so tritt zu dieser „externen Exklusion" heute das Problem „interner Exklusion" (Mackert 1999), d.h. des langfristigen Ausschlusses von Migranten von den staatsbürgerlichen Rechten ihrer Aufnahmegesellschaften. Diese Exklusion widerspricht dem Ideal moderner Staatsbürgerschaft (Carens 1989; Bauböck 1994) und macht die Ausgeschlossenen zu „Bürgern zweiter Klasse". Dem Begriffspaar Inklusion/Exklusion kommt unter modernen Bedingungen entscheidende Bedeutung zu, denn die Auseinandersetzung um die Inklusion von Migranten rückt die Frage nach ihrer Partizipation an den bürgerlichen, politischen, sozialen/ökonomischen und kulturellen Rechten der Gesellschaft, in die sie eingewandert sind, in den Mittelpunkt (vgl. ebd.).

3.5.1 Staatsbürgerschaft und Immigration

Von den großen Völkerwanderungen bis hin zu Arbeitsmigration und der Flucht vor Elend, Bürgerkriegen oder ökologischen Katastrophen sind Migrationsbewegungen Bestandteil menschlicher Geschichte. Gleichwohl wird Immigration in der Moderne zur Nagelprobe für die Institution der Staatsbürgerschaft, da sie zu einer Heterogenisierung der Bevölkerungen westlicher Gesellschaften führt: „Common respect for basic entitlements among people who are different in origin, culture and creed proves that combination of identity and variety which lies at the heart of civil and civilized societies" (Dahrendorf 1994, 17). Doch nicht nur die sich vollziehende Heterogenisierung der Bevölkerungen, und damit die Frage, wer Staatsbürger ist und wer nicht, wird zum Test für die Staatsbürgerschaft. Zwei weitere, nicht minder aktuelle Probleme sind hier entscheidend: zum einen die Behandlung von Minderheiten, die, wie im vorigen Kapitel deutlich wurde, Fragen von Selbstverwaltung oder auch Sezession betreffen kann; zum anderen die Behandlung von Flüchtlingen, der „charakteristischen sozialen Figur unserer Zeit" (Dahrendorf), und damit der Umgang mit Personen, die des Schutzes durch staatsbürgerliche Rechte bedürfen.

Nicht nur die Anforderungen an die Institution der Staatsbürgerschaft verändern sich angesichts massiver Migrationsprozesse; vielmehr gerät die Institution selbst unter Veränderungsdruck: „[Increasing] ethnic diversity will contribute to changes in central political institutions, such as citizenship, and may affect the very nature of the nation-state. Such effects will be even more profound if mass migration continues, as seems likely" (Castles und Miller 1993, 42). Inklusion ist nur dort möglich, wo auch Exlusion stattfindet (Luhmann 1994), und dieses Spannungsverhältnis von Inklusion und Exklusion weist darauf hin, dass „Staatsbürgerschaft (…) weltweit ein wirkungsvolles Instrument sozialer Schließung (ist), welche wohlhabende Staaten vor den wandernden Armen schützt. (…) Staatsbürgerschaft ist jedoch ein Ausschlußinstrument auch innerhalb der Staaten. Jeder Staat errichtet eine begriffliche, legale und ideologische Grenze zwischen Bürgern und Ausländern; jeder Staat unterscheidet zwischen Staatsbürgern und im Lande ansässigen Ausländern und behält seinen Bürgern bestimmte Rechte und Vergünstigungen sowie bestimmte Pflichten vor" (Brubaker 1994, 20).

Michael Walzer (1994a, 65) hat darauf hingewiesen, dass das erste und wichtigste Gut, das wir aneinander zu vergeben und zu verteilen haben, die Mitgliedschaft in einer menschlichen Gesellschaft ist. Wer Mitglied werden darf und wer nicht – die Antwort auf diese Frage ist die nach den Bedingungen der sozialen Integration von Migranten in ihren Aufnahmegesellschaften (vgl. Nassehi und Schroer 1999).

Richtet man den Blick auf die Frage, wie Nationalstaaten darüber entscheiden, wer als Bürger eines Landes gelten darf und wer nicht, so sind zwei Aspekte von zentraler Bedeutung: Zum einen die Staatsangehörigkeit als basale Form der Mitgliedschaft in modernen Gesellschaften; zum anderen die jeweiligen „Politics of Citizenship", die vor dem Hintergrund historisch unterschiedlicher struktureller und kultureller Prozesse Ausdruck spezifisch nationaler Traditionen der Herausbildung der Staatsbürgerschaft sind (Turner 1990). Die folgende vergleichende Analyse der „Politics of Immigration", der Politiken des Ein- und Ausschlusses von der Staatsbürgerschaft in Deutschland und den Vereinigten Staaten, verdeutlicht, wie und unter welchen kulturell unterschiedlichen Bedingungen über Inklusion in und Exklusion aus nationalen Gemeinschaften entschieden wird (vgl. Mackert 2004).

Staatsangehörigkeit

Nationalstaaten definieren auf der Grundlage eines Staatsangehörigkeitsrechts die Gesamtheit ihrer Staatsbürger und schließen damit alle Nicht-Staatsbürger vom Status des Staatsangehörigen aus. „Der Sache nach ist die Staatsangehörigkeit ein Rechtsverhältnis der Zuordnung von Person und Staat, das staatliche Personalhoheit und individuelle Verbandsmitgliedschaft verbindet. Sie ist, anders gesagt, ein rechtliches Band zwischen Individuum und Institution bzw. zwischen ‚national' und ‚nation'. Für den einzelnen ergibt sich daraus zum einen die völkerrechtlich bedeutsame Zugehörigkeit zu ‚seinem' Staat, zum anderen eine grundlegende, aber näherhin ausformungsbedürftige Rechtsstellung im Staatsverband und in der staatlichen Rechtsordnung" (Grawert 1984, 183).

Wie unterschiedlich die historischen und kulturellen Traditionen der einzelnen Staaten auch sein mögen – drei Aspekte charakterisieren die verfassungsrechtliche Definition des Staatsvolkes: erstens die Kodifizierung einer spezifischen rechtlichen Ordnung; zweitens die dahinter stehende Ideologie eines bestimmten Verständnisses von Staatsangehörigkeit; und drittens die Legitimation der daraus resultierenden Differenzierung zwischen Staatsbürgern und Nicht-Staatsbürgern und den sich ergebenden Konsequenzen.

Der Aspekt der Kodifizierung ist von grundlegender Bedeutung: „Die Kodifizierung steht in enger Verbindung zu Disziplinierung und Normierung der Praktiken. (...) Kodifizierung ist ein Verfahren des symbolischen In-Ordnung-Bringens oder des Erhalts der symbolischen Ordnung, eine Aufgabe, die in der Regel den großen Staatsbürokratien zukommt" (Bourdieu 1992, 103f., zit. n. Brubaker 1994, 251). Ausgehend von dieser Definition lässt sich festhalten, dass die verfassungsrechtliche Kodifizierung der Staatsangehörigkeit eine spezifische Ordnung, d.h. eine symbolische Differenzierung zwischen Bürgern und Nicht-Bürgern festlegt. Die grundsätzliche Trennung von Staatsbürgern und Nicht-Staatsbürgern

3.5 Inklusion und Exklusion

spricht Ersteren spezifische Staatsbürgerrechte zu, von denen Letztere ausgeschlossen bleiben. Dadurch werden zugleich die Handlungskorridore sozialer Akteure eingeschränkt, insofern mögliche soziale Handlungsstrategien „diszipliniert" und „normiert" werden.

Der rechtlichen Kodifizierung liegt eine geteilte Auffassung davon zugrunde, wer als Staatsangehöriger gelten soll. Diese Ideologie der Zugehörigkeit ist Resultat historischer Entwicklungen. „States are free in international law to define the circle of their citizens as they see fit. Because of this freedom, citizenship law and naturalization practices vary widely, reflecting differing historical experiences, pragmatic interests, and ideological commitments" (Brubaker 1989b, 99). In diesem Sinne lassen sich grob drei verschiedene Muster von Staatsbürgerschaft und damit verbundene Ideologien der Zugehörigkeit und Einbürgerungspraxen unterscheiden: Im Fall klassischer Einwanderungsländer wie den Vereinigten Staaten, Kanadas oder Australiens[10], hat man es traditionell mit einem weit gefassten Begriff von Staatsbürgerschaft zu tun, in dem das ius soli zur Grundlage der Staatsangehörigkeit wird. Dagegen galt in Ländern wie Deutschland oder Schweden, die sich als homogene Nationen verstehen, lange Zeit das ius sanguinis, die gemeinsame Herkunft und das geteilte kulturelle Erbe als Grundlage der Zugehörigkeit, während Länder wie etwa Frankreich und Großbritannien, die als Folge des Kolonialismus mit starker Nachkriegsimmigration konfrontiert waren und sind, Kombinationen von ius soli und ius sanguinis und folglich komplexe Verfahren bei Einbürgerungen praktizieren.[11] Die Unterschiede des Selbstverständnisses verdeutlichen, dass die ideologische Dimension, die Frage, ob eine Gesellschaft sich als ethnisch homogene Kultur-Nation, als politische Nation oder aber als Einwanderungsgesellschaft begreift, Auswirkungen auf die jeweiligen Definitionen von Staatsbürgerschaft und der Kodifizierung von Zugehörigkeit haben. Die Definition der Staatsbürgerschaft ist „Ausdruck eines tief verwurzelten Verständnisses des Nationalen" (Brubaker 1994, 26).

Der dritte Aspekt, der mit der verfassungsrechtlichen Definition der Staatsangehörigkeit verbunden ist, beruht auf der Legitimation der daraus resultierenden Ordnung sowohl im Innern eines Staates als auch im Verhältnis zu anderen Staaten. Die Staatsangehörigkeit entstand deshalb aus zwei Kontexten: „[Aus] den völkerrechtlich bedeutsamen Beziehungen der Staaten zueinander, die ihren personalen Herrschafts- und Schutzbereich definierten, sowie aus den innerstaatlichen

---

10 Vgl. zur USA: Shklar (1991); zu Australien: Castles (1990; 1994); zu Kanada: Kymlicka (1995a); Carens (1994a); zu Deutschland: Grawert (1984; 1987); Hailbronner (1989); Rittstieg (1994); zu Frankreich: Wihtol de Wenden (1994b); zu Großbritannien: Dummett (1994).
11 Zu unterschiedlichen Traditionen und Politiken siehe die Beiträge in Brubaker (1989).

Vorgängen der Immediatisierung, durch die Individuen aus besonderen Korporationen, Ständen oder Stämmen herausgelöst und dem umfassenden Gemeinwesen ‚Staat' zugeordnet wurden" (Grawert 1984, 182f.). Im Innern eines Staates legitimiert die Definition des Staatsvolks damit die Trennung von Staatsbürgern und Nicht-Staatsbürgern und so eine spezifische Ordnung, die eine Begrenzung von Rechten und Pflichten für das Staatsvolk garantiert (vgl. d'Amato 2002).

„Politics of Citizenship": Deutschland und die Vereinigten Staaten

Vor dem Hintergrund dieser drei Aspekte der verfassungsrechtlich kodifizierten Differenzierung in Staatsbürger und Nicht-Staatsbürger sollen abschließend mit den Vereinigten Staaten und Deutschland idealtypisch zwei westliche demokratische Gesellschaften im Hinblick auf ihre Idee der Inklusion durch Staatsbürgerschaft verglichen werden. Damit werden die Citizenship Regimes zweier liberaler Gesellschaften in ihren Grundzügen einander gegenübergestellt, die von entgegengesetzten Traditionen der Nation und unterschiedlichen Einwanderungserfahrungen gekennzeichnet sind. Während die Vereinigten Staaten eine politische Nation sind, die sich als Einwanderungsland versteht, lässt sich Deutschland als ethnische Nation begreifen, die die Erfahrung von Arbeitsmigration gemacht hat und mit deren Nebenfolgen konfrontiert ist (vgl. Joppke 1999).

Vereinigte Staaten

Formell etablierten der Civil Rights Act von 1866 und der 14. Zusatz zur amerikanischen Verfassung von 1868 das ius soli als das entscheidende Kriterium für den Erwerb der Staatsbürgerschaft. Als solch formeller Status ist die US-Staatsbürgerschaft „thin citizenship" (Heller 1997, 26f.) und „leicht zu erwerben, falls gewisse Niederlassungsbedingungen erfüllt sind, und sie verleiht wenige Privilegien über die hinaus, die bereits den legal Niedergelassenen (resident aliens) zukommen" (Joppke 1999, 39).

Inhaltlich ist die amerikanische Staatsbürgerschaft hingegen durch mindestens vier Momente geprägt: erstens durch die Amerikanische Revolution und die radikalen Forderungen nach Freiheit und Gleichheit (Tocqueville [1835] 1987a; [1840] 1987b) zweitens durch die Tradition der USA als Einwanderungsland und dem Selbstverständnis, eine kulturell und ethnisch heterogene Nation – freilich unter der Dominanz der White Anglo-Saxon Protestants (WASP) – zu sein; drittens durch das Fehlen feudaler Strukturen und der nur schwachen Existenz gesellschaftlicher Klassen(schranken); viertens schließlich durch das Erbe der Sklaverei.

Als Ausdruck dieser historischen Bedingungen sieht Shklar (1991, 3) das amerikanische Selbstverständnis von Citizenship von vier Überzeugungen geprägt: „[Citizenhip] as social standing (...) citizenship as nationality, as active participation or ‚good' citizenship, and finally, ideal republican citizenship."

Für diese Konzeption der amerikanischen Citizenship spielt Immigration eine entscheidende Rolle: „Even before Amercian independence, the pressing need for settlers had established naturalization as central to the theory and practice of citizenship" (Brubaker 1989a, 11). Die Verleihung der Staatsbürgerschaft ist hier im Prinzip die normale Konsequenz, die auf die Berechtigung zur Niederlassung folgt (vgl. Brubaker 1989b, 121). Das traditionell inklusivistische und universalistische Selbstverständnis der Vereinigten Staaten als einer Einwanderungsgesellschaft, die lange Zeit die Idee des „melting pot" – das Zusammenleben einer Vielzahl ethnischer, kultureller und religiöser Gruppen auf der Grundlage universalistischer Werte – propagierte, wurde gleichwohl immer wieder durch Phasen exkludierender „Politics of Citizenship" unterbrochen. So etwa als Abwehr gegen den enormen Anstieg katholischer Einwanderer nach 1830 oder aber in jüngerer Vergangenheit gegen die massive Zunahme asiatischer Einwanderer. Seit den Ereignissen des 11. September 2001 sind erneut restriktive Politiken der Immigrationsbehörden an der Tagesordnung. Deutlich wird dabei, wie stark ein Citizenship Regime von politischen Umbrüchen unter Veränderungsdruck gesetzt wird.

Deutschland

Im Gegensatz zu den Vereinigten Staaten ist der formelle Erwerb der deutschen Staatsbürgerschaft schwierig. Bis zum Jahr 2000 fand sich die Grundlage der Definition des deutschen Staatsvolkes im Reichs- und Staatsangehörigkeitsgesetz (RuStaG) vom 22. Juli 1913. In Verbindung mit GG Art. 116, Abs.1 verankerte dieses Gesetz das ius sanguinis als Basis einer sich als homogenen begreifenden Kulturnation. Eine solche „thick conception" erlaubt es im Prinzip kaum, durch Immigration und Einbürgerung die Staatsbürgerschaft zu erwerben.

Inhaltlich privilegiert der Status des Staatsbürgers Deutsche gegenüber Nicht-Deutschen. Der Grund hierfür liegt darin, dass Deutschland als verspätete Nation seine Identität nicht durch die politische Einigung, sondern über die Vorstellung einer gemeinsam geteilten Kultur entwickelte, die deutsche Nation sich somit nicht als politische, sondern als Kulturnation begreift. Die politische Gemeinschaft ist deshalb zugleich Kultur- oder gar Schicksalsgemeinschaft. Es ist gerade dieses Selbstverständnis, homogene Kulturnation zu sein, die das Verhältnis von Staatsbürgerschaft und Immigration charakterisiert, und das der erst jüngst tendenziell revidierten Vorstellung, kein Einwanderungsland zu sein, zugrunde lag. De facto hat Deutschland längst die höchste Zuwanderungsquote der europäischen Flächenstaaten – seine Geschichte als Einwanderungsland beginnt spätestens mit der Anwerbung so genannter Gastarbeiter in den 1950er Jahren angesichts großen Arbeitskräftemangels in der deutschen Industrie der Nachkriegszeit. Zwar wurden Arbeitsmigranten im Laufe der Jahre in einer großen Anzahl von Rechten deutschen Staatsbürgern weitgehend gleichgestellt, die genaue Analyse zeigt jedoch, dass Migranten nicht nur von den im Grundgesetz definierten „Deutschenrechten" ausgeschlossen bleiben, sondern zugleich einer Vielzahl diskriminierender Gesetze und Rechtsvorschriften unterworfen sind, die sie zu Bürgern zweiter Klasse machen (vgl. Mackert 1999). Während sich so zeigt, dass die historische und kulturelle Tradition einer Nation sich in ihrer Konzeption sowohl von Staatsangehörigkeit als auch von Staatsbürgerschaft ausdrückt, und Exklusion das Ziel der „Politics of Citizenship" darstellen kann, erhalten im Zuge der europäischen Harmonisierung zwei Veränderungen entscheidende Bedeutung, die das deutsche „Citizenship Regime" möglicherweise nachhaltig verändern werden: Erstens trat zum 1. Januar 2000 das Gesetz zur Reform des Staatsangehörigkeitsrechts in Kraft, das die Möglichkeit der Einbürgerung erleichtert. Das Gesetz nimmt ius soli-Elemente auf, sodass unter der Bedingung, dass gemäß §4 des Staatsangehörigkeitsgesetzes „ein Elternteil seit acht Jahren rechtmäßig seinen gewöhnlichen Aufenthalt im Inland hat und eine Aufenthaltsberechtigung oder seit drei Jahren eine unbefristete Aufenthaltserlaubnis besitzt", Kinder ausländischer Eltern mit der Geburt in Deutschland automatisch die deutsche Staatsangehörigkeit erwerben. Ferner erhalten nun erwachsene Ausländer bereits nach acht Jahren einen Anspruch auf Einbürgerung. Dieser Anspruch greift aber gemäß §§ 85 und 86 AuslG nur, wenn ein Bekenntnis zum Grundgesetz, eine Aufenthaltserlaubnis oder eine Aufenthaltsberechtigung sowie ausreichende Kenntnisse der deutschen Sprache vorhanden sind. Des Weiteren wird vorausgesetzt, dass der Ausländer seine bisherige Staatsbürgerschaft aufgibt oder verliert und den Lebensunterhalt für sich und seine unterhaltsberechtigten Familienangehörigen ohne Inanspruchnahme von Sozial- oder Arbeitslosenhilfe bestreiten kann (vgl. Maschke 2003).

Zweitens zielt das Gesetz zur Steuerung und Begrenzung der Zuwanderung und zur Regelung des Aufenthalts und der Integration von Unionsbürgern und Ausländern (Zuwanderungsgesetz) auf eine umfassende Neuregelung des Ausländerrechts, mit einer Reduktion der Aufenthaltsstatus auf eine (befristete) Aufenthaltserlaubnis und eine (unbefristete) Niederlassungserlaubnis, des Zugangs zum Arbeitsmarkt bzw. der Erwerbstätigkeit und der Integration (vgl. Bundesministerium des Inneren, 2002). Dreh- und Angelpunkt der Gesetzes bleibt die Begrenzung der Zuwanderung, hier vor allem die Regelung illegaler Einreise und Aufenthalts, des Familiennachzugs, der Festlegung durch Quoten oder Kontingente;

ferner Bestimmungen des Asylrechts und der humanitären Aufnahme sowie die Bestimmung eines Mindestrahmens staatlicher Integrationsangebote (vgl. Hailbronner 2001).

Die Debatten der 1980er und 1990er Jahre haben nicht nur die theoretische Auseinandersetzung um Staatsbürgerschaft vorangebracht, sondern auch auf die historische Bedingtheit des Konzepts moderner Staatsbürgerschaft aufmerksam gemacht (Crouch, Eder und Tambini 2001b). Gemeinsam ist ihnen allerdings, dass sie versucht haben, das Konzept produktiv weiterzuentwickeln und seine sozialintegrative Leistungsfähigkeit auszuschöpfen. Damit klingt bereits an, dass neue Entwicklungen eine neue Runde der Auseinandersetzung mit dem Konzept der Staatsbürgerschaft erforderlich machen würden. Die einander widersprechenden Prozesse einer Betonung des Globalen einerseits, des Lokalen andererseits, Probleme nationaler Identität und Staatsbildung im Kontext des Multikulturalismus und ethnischem Pluralismus, sowie Versuche, eine Form globaler Bürgerschaft als politisches Gegengewicht zur globalisierten Ökonomie zu entwickeln, sind nur einige der Entwicklungen, die eine neue Debatte um Citizenship angestoßen haben.

Das folgende Kapitel geht den veränderten Bedingungen und ihren Effekten auf das Konzept der Citizenship nach. Dabei steht die Frage im Mittelpunkt, welche Auswirkungen Prozesse der Globalisierung, der angebliche Souveränitätsverlust des Nationalstaates, die EU-Bürgerschaft als supranationales Modell der Mitgliedschaft und das entstehende Regime der Menschenrechte auf die Institution der Staatsbürgerschaft haben.

4 Citizenship im Zeitalter der Globalisierung

Was geschieht mit der Institution der Staatsbürgerschaft im Zeitalter der Globalisierung, in dem sich die für sie konstitutiven Bedingungen grundlegend zu verändern scheinen? Wird das unmittelbare Verhältnis zwischen Staatsbürgerschaft und Nationalstaat tatsächlich brüchig und verliert die enge Verknüpfung von Staat und Bürger dadurch an Bedeutung? Aktuelle Debatten um die künftige Rolle von Nationalstaat und Staatsbürgerschaft machen deutlich, dass beide Institutionen vor großen Herausforderungen stehen, und es sind vor allem drei Entwicklungen die zur Begründung eines Bedeutungsverlustes nationaler Staatsbürgerschaft herangezogen werden: Erstens der behauptete Souveränitätsverlust des Nationalstaates, da mit ihm das institutionelle Gerüst der Staatsbürgerschaft hinfällig zu werden droht; zweitens die Institutionalisierung der EU-Bürgerschaft, die als supranationale Form der Citizenship neben das nationale Modell tritt; drittens schließlich die Kodifizierung der Menschenrechte, durch die auf globaler Ebene die Rechte des Individuums verankert sind, und zu deren Verwirklichung sich fast alle Staaten der Weltgemeinschaft verpflichtet haben.

Markieren diese Entwicklungen tatsächlich den Anfang vom Ende des klassischen Konzepts der Citizenship? Nicht selten werden radikale Konsequenzen aus ihnen abgeleitet: So wird behauptet, dass der Nationalstaat nicht länger die einzige souveräne Instanz ist, der gegenüber Bürger Rechte geltend machen können, die ihre Bürger schützt und vor deren Macht sie geschützt sind; es wird ferner davon ausgegangen, dass die Bürger nicht mehr ausschließlich in einem direkten Verhältnis zum Staat stehen, sondern die Bedeutung transnationaler Institutionen zunimmt; schließlich wird angenommen, dass neue Modelle der Mitgliedschaft neben die nationale Staatsbürgerschaft treten und die gemeinsame nationale Identität der Bürger einer Gesellschaft an Bedeutung verliert.

Es gibt gute Gründe, angesichts tiefgreifender historischer Umbrüche über die Bestandsvoraussetzungen und die künftige Bedeutung einer modernen Institution nachzudenken. Aber ist die Staatsbürgerschaft inzwischen tatsächlich ein antiquiertes Modell und den Anforderungen in einer globalisierten Welt nicht mehr gewachsen? Sind ihre strukturellen und kulturellen Grundlagen fraglich geworden? Sind wir im „Zeitalter der Globalisierung" (Albrow 1996) keine Bürger im klassischen Sinne mehr, sondern inzwischen „Global Citizens"?

Im Folgenden geht es darum, die Grundzüge dieser Entwicklungen zu skizzieren und zu verdeutlichen, weshalb der Souveränitätsverlust des Nationalstaates, die EU-Bürgerschaft und die Menschenrechte Konsequenzen für die Institution der Staatsbürgerschaft haben.

4.1 Souveränitätsverlust des Nationalstaates?

Was mit staatlicher Souveränität gemeint ist, hat sich, im historischen Prozess immer wieder stark verändert, seit der Begriff im 13. Jahrhundert zum ersten Mal definiert wurde. Mit Jean Bodins ([1576] 1981; 1986) „Sechs Büchern über den Staat" beginnt die philosophische Auseinandersetzung, Thomas Hobbes ([1651] 1991) entwickelt unter dem Eindruck der englischen Bürgerkriege im „Leviathan" eine Vorstellung von Souveränität, die zur Legitimationsgrundlage absolutistischer Herrschaft wurde. Doch das Tor zu einem modernen Verständnis von Souveränität öffnet sich erst mit Jean Jacques Rousseaus ([1762] 1986) „Gesellschaftsvertrag", in dem das Volk, und nicht mehr ein absoluter Herrscher, als Souverän der Herrschaft bestimmt wird. Diese Konzeption wurde zur Legitimationsgrundlage für die in der Französischen Revolution erhobene Forderung nach Volkssouveränität.

Diese philosophische Auseinandersetzung reflektiert damit, dass staatliche Souveränität mit dem Westfälischen Frieden von 1648 als organisierendes Prinzip einer in Nationalstaaten gegliederten Welt durchgesetzt wurde. Seit diesem Zeitpunkt gilt der Staat als souveräner Akteur innerhalb seines Territoriums wie auch auf dem Feld der internationalen Beziehungen, und in dem Maße, in dem der Staat sich als Institution gegen mächtige Akteure innerhalb und außerhalb seines Territoriums als alleinige Machtinstanz durchsetzte, wurde Souveränität zum Schlüsselbegriff im Prozess der Entstehung des modernen Staates.

Dieser Aufstieg des Staates zum souveränen Akteur ist ohne ein stehendes Heer und die Durchsetzung des Steuermonopols nicht vorstellbar (Tilly 1985; 1998), und auch die Orientierung der Staatsgewalt am Gemeinwohl (Dreier 1988; Camilleri und Falk 1992) ist ein wichtiger Aspekt. In modernen Gesellschaften tritt dazu aber eine Reihe weiterer Funktionen. Zu ihnen gehört unter anderem die Fähigkeit des Staates, seine Ökonomie zu regulieren, durch fiskalische Politik die wohlfahrtsstaatliche Umverteilungspolitik zu finanzieren, das unbestrittene Recht des Staates auf Rechtssetzung und -sprechung oder auch die unbeschränkte Kontrolle des grenzüberschreitenden Güter- und Warenverkehrs.

Bis weit in die Hälfte des 20. Jahrhunderts hinein wurden all diese Funktionen weitgehend unhinterfragt als gegeben angenommen, und nicht nur in der Soziologie wurde lange davon ausgegangen, dass der Staat sowohl nach *innen* die Gesellschaft beherrscht und kontrolliert, als auch nach *außen* über sein Schicksal entscheiden kann (Held 1991, 201; 1990). Diese Gewissheit, dass der Staat auf beiden Feldern der allein entscheidende Akteur sei, gehört allerdings längst der Vergangenheit an. Hinfällig geworden ist sie, weil sich die Voraussetzungen und Rahmenbedingungen staatlichen Handelns im Laufe der letzten Jahrzehnte grundlegend geändert haben. Bei aktuellen Auseinandersetzungen um die Frage nach der Handlungsfähigkeit des Staates, nach seinen Möglichkeiten, regulierend in ökonomische Abläufe einzugreifen, sozialpolitisch tätig zu sein oder auch über seine territorialen Grenzen hinaus Politik aktiv zu gestalten, haben wir es deshalb mit einer grundlegend neuen Situation zu tun (vgl. Bartelson 1995; Camilleri und Falk 1992; Chayes und Handler Chayes 1995; Fowler und Bunck 1995; Lyons und Mastanduno 1995; Rosenau 1997). Zunehmend setzt sich die Vorstellung durch, dass der Nationalstaat durch die Globalisierung „,untergraben', ‚unterlaufen', ‚umgangen' oder ‚marginalisiert'" werde (Mann 1997, 131). Aber was folgt aus dieser Vorstellung für das Verhältnis von Staat und Bürger? Welche Effekte der Globalisierung lassen sich erkennen?

Globalisierung und staatliche Souveränität

Begreift man Globalisierung als eine Vielfalt von Prozessen, die zu einer Ausdehnung, Vertiefung und Beschleunigung weltweiter ökonomischer, politischer, sozialer und kultureller Interaktionsbeziehungen führen (Held et al. 1999, 16), so können vier zentrale Bereiche unterschieden werden, in denen die Souveränität des Nationalstaates fraglich zu werden scheint.

Ökonomie: Verfechter des Neoliberalismus gehen davon aus, dass globale Märkte und das weltweit operierende Kapital die Regulierungsmöglichkeiten des Nationalstaates in einem Ausmaß beschnitten haben, dass er nicht länger dazu in der Lage ist, gestaltend auf die Entwicklung der Ökonomie einzuwirken (vgl. Strange 1995+1996; kritisch dazu Fligstein 2000; Rodrik 2000). Für diese Einschätzung wird ein doppeltes Argument geltend gemacht: zum einen lasse die Entwicklung neuer Informations-, Kommunikations- und Produktionstechnologien die Bedeutung nationalstaatlicher Grenzen hinfällig werden (Wriston 1988); zum anderen wird behauptet, dass die deregulierten und global agierenden Finanzmärkte auf ökonomischem und politischem Feld eine strukturelle Hegemonie gegenüber dem Nationalstaat erlangen und der Nationalstaat damit seine Möglichkeiten zur Regulierung der Finanzmärkte wie auch allgemein Regulierungskapazität verliert (Cerny 1994).

Governance: Die Bedeutung, die neu entstehenden Akteuren für die Regulierung sub- wie supranationaler Belange beigemessen wird, gilt als Anzeichen dafür, dass der Nationalstaat nicht mehr die einzige politische Institution ist, die souverän Entscheidungen treffen kann und zu Kooperation gezwungen ist. Drei Prozesse sind hier entscheidend: erstens die Rolle von Organisationen und Regimes wie UN, EU, WTO, IWF, Weltbank, NAFTA, UNCTAD oder ILO auf supra- und internationaler sowie regionaler Ebene (Moravscik 1991; 1999; Ross 1995); zweitens der Bedeutungszuwachs innerstaatlicher Regionen und subnationaler Einheiten, die sich um spezifische Identitäten und Zugehörigkeiten entwickeln; drittens schließlich die Bedeutung privater Akteure (Hall und Biersteker 2002), insbesondere international tätiger Rating-Agenturen, wie etwa Standard & Poor oder Moody's (Sassen 1998, 350f.; Strange 1986), die selbst die Kreditwürdigkeit von Staaten bewerten und so entscheidenden Einfluss auf die Regulierung internationaler Aktivitäten haben (vgl. Sassen 1998; 2002a+b), aber auch von NGOs, die auf nationaler wie transnationaler und internationaler Ebene politische Forderungen erheben.

Recht: Internationales Recht sowie eine Vielzahl bi-, multi-, supra- und internationaler Übereinkommen und Verträge begrenzen das souveräne Handeln des Nationalstaates. Obgleich es kaum Möglichkeiten gibt, derartige Abkommen mit Zwangsgewalt durchzusetzen, ist doch nicht zu leugnen, dass alle Nationen in nicht geringem Maße an internationales Recht gebunden sind (Held 1991, 218). Am deutlichsten werden die Effekte transnationalen Rechts im Falle der Europäischen Union. Hier haben die Mitgliedsländer auf Teile ihrer Souveränität verzichtet und diese an die EU übertragen: „[The] sovereignty of the Community's member states has not been lost, but subjected to a process of division and combination internally, and hence in a way enhanced externally. But the process of division and combination has taken us 'beyond the sovereign state'"(Mac Cormick 2001, 133).

Kultur: Im Kontext kultureller Globalisierung lassen sich zwei Argumentationsstränge unterscheiden: Zum einen geht es um die Bedeutung elektronischer Medien, die für Ausmaß, Intensität und Geschwindigkeit der räumlichen Organisation sozialer Beziehungen eine entscheidende Rolle spielen und die der Staat nicht mehr kontrollieren kann (vgl. Waters 1994; 1995). Zum anderen dreht es sich aber auch um die bereits diskutierten Effekte ethnischer Heterogenisierung (Kymlicka 1995; 2006) und kultureller Pluralisierung nationaler Gemeinschaften durch Migration (Sassen 1996b) sowie um den Einfluss, den der globale Diskurs über Menschenrechte auf die Legitimität nationaler Staatsbürgerrechte und den Nationalstaat selbst hat (Soysal 1994; 1996). Kulturalisten und Multikulturalisten begreifen den Effekt, den kulturelle Veränderungen zeitigen, als „decomposition of the nation-state, a process of dissolution from above and below" (McDonald 1994, 241; Harvey 1992).

Wenn mit diesen ökonomischen, politischen, rechtlichen und kulturellen Diskursen die vermeintlichen Sollbruchstellen markiert sind, die darauf hinweisen, dass Rolle und Funktion des Nationalstaates sich verändern, so wird daraus nicht unbedingt das „Ende des Nationalstaates" abgeleitet. Die gegenwärtige und künftige Rolle des Staates wird vielmehr sehr unterschiedlich eingeschätzt. Im Anschluss an Held et al. (1999) können drei Positionen unterschieden werden:

Für *Hyperglobalisierer* stellt die Globalisierung eine neue Ära dar. In der globalen „Marktzivilisation" (Perlmutter 1991), der neuen globalen Ordnung, spielt der Staat keine Rolle mehr. Nach dem Ende nationaler Volkswirtschaften, so die Annahme, bleibt dem Staat lediglich die Aufgabe, die zentrifugalen Tendenzen der Weltwirtschaft auf nationale Gemeinschaften abzufedern (vgl. Reich 1993; Kennedy 1996; Thurow 1996). Die Vorstellung vom Ende des Nationalstaates und das Plädoyer für „freie", unregulierte globale Märkte wird von Apologeten des Neoliberalismus am klarsten formuliert: „Because the global markets for all the Is [Investitionen, Industrie, Informationstechnologien und individuelle Konsumenten – J.M.] work just fine on their own, nation states no longer have to play a market-making role" (Ohmae 1995, 4).

Die *Skeptiker* gehen im Hinblick auf Reichweite und Allgemeinheitsgrad der Globalisierung hingegen davon aus, dass die Globalisierung selbst kein neues Phänomen darstellt und, angesichts der Bedeutung der Handelsblöcke Europa, Nordamerika und des asiatisch-pazifischen Raums, vor allem als Prozess der Regionalisierung begriffen werden muss. Der Staat müsse in dieser Situation grenzüberschreitende Prozesse regulieren und aktiv unterstützen. Übersteigt diese Aufgabe staatliche Kapazitäten, so muss er zu einer „polyzentrischen Politik" übergehen und das Zusammenspiels privater, staatlicher, nicht-staatlicher, nationaler und internationaler Institutionen und Praktiken sowie das daraus entstehende System organisieren (Hirst und Thompson 1996, 184). Nur der Staat kann diese Aufgabe erfüllen, denn er ist in modernen Gesellschaften die einzige von Bürgern legitimierte Institution, die neue politische Koordinationsformen und Zusammenschlüsse, auch auf internationalem Feld, institutionalisieren und für seine Bürger sprechen und entscheiden kann (Hirst und Thompson 1995, 409; vgl. Jessop 1994, 23).

Die dritte Position wird von Vertretern der *Transformationsthese* eingenommen. Ihnen gilt Globalisierung als kontingenter, offener und nicht determinierter Prozess, in dessen Verlauf Staaten und Gesellschaften sich an neue Bedingungen anpassen müssen. Eine klare Unterscheidung zwischen nationalen und internationalen Angelegenheiten, internen und externen Prozessen gehe dabei verloren (Held et al. 1999; Rosenau 1990; Camilleri und Falk 1992). Der Nationalstaat spielt in dieser Perspektive zwar weiterhin eine zentrale Rolle, behauptet wird jedoch, dass seine Macht, Funktionen, Herrschaft und Souveränität wie auch die Institution selbst sich in einem Transformationsprozess befinden: „States may have surrendered some rights and freedoms, but in the process they have gained and extended others" (Held 1991, 223).

Die knappe Skizze der unterschiedlichen Positionen zum Ausmaß der Globalisierungseffekte auf die Institution des Nationalstaates macht deutlich, dass der radikalen Position vom Ende staatlicher Souveränität nicht notwendig Folge geleistet werden muss. So, wie die lange Zeit geltende Annahme einer unumschränkten Herrschaft des Nationalstaates nach innen und außen historisch nie vollständig verwirklicht war und der Staat sich immer mit anderen Akteuren arrangieren musste, ist auch die Annahme eines vollständigen Souveränitätsverlustes kaum haltbar. Rückblickend, so scheint es, wird die Vorstellung staatlicher Souveränität allzu oft verabsolutiert, um sie dann umso eleganter verabschieden zu können.

Problematisch ist an dieser Strategie, dass häufig unklar bleibt, was in den einzelnen Diskursen unter Souveränität verstanden wird, und dass je nach Diskurs nur einzelne Aspekte von Souveränität in Betracht gezogen werden; aus spezifischen Entwicklungen werden dann jedoch weitreichende Folgerungen abgeleitet. Über die tatsächlichen Handlungsmöglichkeiten des Nationalstaates lässt sich so aber keine Auskunft geben. Souveränität ist weder ein dichotomes noch ein eindimensionales Konzept. Das bedeutet zum einen, dass die Frage nach Souveränität nicht mit Ja/Nein-Entscheidungen zu beantworten ist, sondern dass es sich hier um eine Variable handelt, die unterschiedliche Grade aufweisen kann, und durch situative, innerstaatliche, internationale und rechtliche Aspekte bestimmt wird (vgl. Rosenau 1997, 222). Zum anderen aber lassen sich solche Grade von Souveränität auch auf ganz verschiedenen, notwendig voneinander zu trennenden Dimensionen unterscheiden.

Ein wichtiger Schritt in diese Richtung wird mit Krasners Unterscheidung von Souveränitätsformen möglich. Seine Differenzierung des Kompaktbegriffes Souveränität in die Formen „international legal sovereignty", „Westphalian sovereignty", „domestic sovereignty" und „interdependence sovereignty" verweist auf völlig unterschiedliche Aspekte nationalstaatlicher Herrschaft und Kontrolle, und es wird ferner deutlich, dass diese in historischer Perspektive keineswegs kovariieren müssen. Dabei zeigt sich nochmals, dass unumschränkte Herrschaft und unbestrittene Autorität des Staates im historischen Rückblick schon immer eher die Ausnahme und keinesfalls die Regel waren. Die mit „international legal sovereignty" und „Westphalian sovereignty" verbundenen Normen wurden und werden häufig verletzt, sodass die Aufgeregtheit der Globalisierungsdebatte um den Souveränitätsverlust des Nationalstaates als „organized hypocrisy" bezeichnet werden kann (Krasner 1999, 24).

Ganz im Gegensatz zur Vorstellung vom Staat als alleinigem und allmächtigem Akteur rückt Krasners Analyse in den Blick, dass die Partizipation des Staates an der Bildung neuer, transnationaler Akteure gerade Ausweis seines souveränen Handelns sein kann. Oder aber, dass innerhalb eines Militärbündnisses im Bündnisfall die souveräne Entscheidung eines Staates beschnitten wird („international legal sovereignty"), dass jeder der Mitgliedsstaaten dadurch zugleich aber seine eigene Sicherheit bei Bedrohung von außen erhöht und damit Schutz und Sicherheit seiner eigenen Bürger steigert – ein grundlegendes Moment jeglicher Vorstellung von Souveränität als „domestic sovereignty".

Eine Überprüfung der These vom Souveränitätsverlust des Nationalstaates, die auf der Grundlage einer derartigen Vielfalt von Souveränitätsformen erfolgt, könnte tatsächlich zu einem differenzierteren Verständnis sowohl der sich verändernden Rolle und Funktion des Staates als auch des Verhältnisses zwischen Staat und Bürger unter Bedingungen der Globalisierung führen. Vor dem Hintergrund eines solch analytischen Ansatzes erscheinen Behauptungen, der globale Marktbürger sei längst an die Stelle des Staatsbürgers getreten, eher als Ideologie denn als Resultat nüchterner Analyse. Der Nationalstaat wie die Institution der modernen Staatsbürgerschaft werden auch unter Bedingungen der Globalisierung weiterhin eine entscheidende Rolle spielen.

Neben der Debatte um den Souveränitätsverlust des Nationalstaates wird das Verhältnis von Staat und Bürger in zwei anderen Kontexten problematisiert. Die zunehmende Bedeutung internationalen Rechts und die Entstehung supranationaler Gebilde, insbesondere der Europäischen Union, richtet das Augenmerk auf sich verändernde Formen von Mitgliedschaft, und es entstehen neue Modelle von Bürgerschaft. Die EU-Bürgerschaft und die Menschenrechte sind hier von entscheidender Bedeutung. Im Gegensatz zur Vielfalt von Konzepten, die in den letzten Jahren als Alternativen zur nationalen Staatsbürgerschaft propagiert werden (vgl. Kapitel 5), stellen sie bereits institutionell verankerte Formen postnationaler Mitgliedschaft dar. Die um die EU-Bürgerschaft geführte Debatte nimmt ihren Ausgangspunkt bei der angenommenen Entkoppelung von nationaler Zugehörigkeit und institutioneller Einbindung, durch die sich das Verhältnisses von Identität, Territorium und Rechten grundlegend ändere (vgl. Cohen 1999; Held 1995; Soysal 1994); die Entstehung der EU-Bürgerschaft gilt als Indiz dafür, dass der Nationalstaat nicht mehr alleinige Legitimationsquelle neuer Formen der Mitgliedschaft ist (vgl. Wobbe 2000, 255). Hingegen geht im Kontext der Debatte um die kulturelle Globalisierung ein Strang davon aus, dass der Zusammenhang von Nationalstaat und Identität immer schwächer wird und die Menschenrechte tendenziell an die Stelle der Staatsbürgerschaft treten.

4.2 Europäische Bürgerschaft

Die Diskussion um den Souveränitätsverlust des Nationalstaates hat gezeigt, dass die EU als supranationaler Akteur vor allem über die rechtliche Integration seiner Mitgliedsstaaten in nationale Befugnisse eingreift. Damit, und insbesondere durch die Kodifizierung der EU-Bürgerschaft als supranationaler Form von Mitgliedschaft, wird es erforderlich, nach den Folgen dieses Prozesses für die nationale Staatsbürgerschaft sowie nach dem Verhältnis beider Modelle zu fragen.

Bereits 1974 hat Raymond Aron gegenüber der Vorstellung einer im Zuge des europäischen Einigungsprozesses entstehenden multinationalen (Staats-)Bürgerschaft seiner Skepsis Ausdruck verliehen: „Though the European Community tends to grant all the citizens of its member states the same economic and social rights, there are no such animals as ‚European citizens'. There are only French, German, Italian citizens" (Aron 1974, 653). Betrachtet man die breite Debatte über die Rolle, Rechte und Aufgaben europäischer Bürger (Shaw 1997; 1998), so zeigt sich, dass Probleme und offene Fragen noch immer entlang jener beiden Stränge diskutiert werden, die Aron vorgezeichnet hat (Bellamy 2004, 1f.): Zum einen geht es um den Zusammenhang zwischen Citizenship und dem modernen Staat (vgl. Soysal 1994; Bellamy 2000; Bellamy, Castiglione und Shaw 2006; Bellamy und Warleigh 2001), zum anderen um jenen zwischen Citizenship und Nationalität (vgl. Rosas und Antola 1995; Miller 2000; Eder und Giesen 2001). *Staatszentriertheit* und *nationale Identität* – beide Aspekte sind intrinsisch mit der nationalen Staatsbürgerschaft verbunden, und von hier aus lässt sich deshalb das Verhältnis von nationalem und postnationalem Modell betrachten.

Unionsbürgerschaft

Die *Unionsbürgerschaft* wurde bereits durch Artikel 8-8e des Maastricht-Vertrages vom 7.2.1992 eingeführt. Artikel 8 (1) des Vertrages stellt fest: „Es wird eine Unionsbürgerschaft eingeführt. Unionsbürger ist, wer die Staatsangehörigkeit eines Mitgliedsstaates besitzt." Die Artikel 8a-8e beinhalten eine Liste spezifischer Rechte, die mit dem Status des „European Citizen" verknüpft sind. Artikel 8a garantiert Bewegungsfreiheit in jedem Mitgliedsstaat; Artikel 8b gewährt Unionsbürgern das Recht, in einem Mitgliedsland der Union, in dem sie ihren Wohnsitz haben, an Kommunalwahlen und Europawahlen teilzunehmen und bei diesen Wahlen wählbar zu sein. Artikel 8c sichert diplomatischen Schutz der Mitgliedsstaaten für den Fall, dass das eigene Land in einem dritten keine diplomatische Vertretung unterhält; Artikel 8d gewährt jedem Unionsbürger das Petitionsrecht sowie die Möglichkeit, sich an den Bürgerbeauftragten der Europäischen Union zu wenden. Artikel 8e schließlich hält die Möglichkeit einer weiteren Entwicklung, Ausdehnung und Vertiefung der Unionsbürgerschaft offen (vgl. Closa 1995).

Die Unionsbürgerschaft stellt damit eine supranationale Form der Mitgliedschaft dar und hat ein im juristischen Sinne systematisches Verständnis von Bürgerschaft entwickelt. Sie kann als klassisch politisches und rechtliches Konzept verstanden werden (La Torre 1995, 4).[12] Allerdings lässt sich feststellen, dass die Institutionalisierung der EU-Citizenship im Vertrag von Maastricht nicht über den bis zu diesem Zeitpunkt erreichten Stand hinausgegangen ist. Weiler (1995) fragt sich angesichts des Status der EU-Citizenship, warum man mit Art. 8 des Vertrages von Maastricht überhaupt die Büchse der Pandora öffnen musste, und d'Oliveira (1994, 1995) geht sogar so weit, von der Unionsbürgerschaft als „symbolic plaything" oder „pie in the sky" zu reden.

Staatszentriertheit

Geht man trotz dieser prinzipiellen Kritik der Frage nach, was die EU-Bürgerschaft als postnationales Modell charakterisiert, so wird schnell deutlich, dass hier eben nicht das Verhältnis von Bürger und Staat und damit die Staatszentriertheit nationaler Modelle im Mittelpunkt steht. Kern des europäischen Integrationsprozesses ist vielmehr der gemeinsame europäische Markt, und diese Idee ist viel bedeutender für den Charakter der EU-Bürgerschaft. Da die politischen Eliten immer skeptisch waren im Hinblick auf eine gemeinsame EU-Citizenship (Weiler 1995) und es auch keine breite Bewegung gab, die sich, ähnlich wie bei der Entstehung der Nationalstaaten, für eine Bürgerschaftspolitik engagiert hätte (Wiener 1996; 2006), stand im europäischen Integrationsprozess immer der Marktbürger im Mittelpunkt.[13] Der Schwerpunkt liegt deshalb bei den Rechten von Produzenten und Konsumenten und nicht bei den sozialen Rechten, die eine wohlfahrtsstaatliche Umverteilungspolitik erforderlich gemacht hätten.

Europa ist damit vor allem ein gemeinsamer Markt, ein europäischer Zentralstaat ist nicht Ziel des Einigungsprozesses, der erste Anlauf zu einer europäischen Verfassung ist gescheitert. Es deutet deshalb nichts darauf hin, dass die Unionsbürgerschaft über den Marktbürger hinausgehen könnte (de Burca 1996, 361). Damit besteht offensichtlich ein deutlicher Unterschied im Ausmaß der institutionellen Integration Europas und dem Gehalt der EU-Citizenship: „[There] is a lag between the advances made in Europe towards the establishment

---

12 Allerdings gelten die grundlegenden Rechte der Europäischen Sozialcharta des Europarates (Turin 1961) und der Europäischen Sozialrechtscharta (1989).
13 Aufgrund der Erweiterung der Rechte von Produzenten und Konsumenten etwa zum Verbraucherschutz wird oft auf die Bedeutung der EU für die Rechte europäischer Bürger hingewiesen (vgl. Ferrera 2004).

of a new political and adminstrative system, and those realised for the time being in the quantity and quality, so to speak, of European citizenship" (Poggi 2003, 46).

Was bedeutet solch ein postnationales Konzept aber für die Institution nationaler Staatsbürgerschaft? Tritt es in einem vereinten Europa an ihre Stelle? Sind wir Zeugen eines Prozesses, in dem die nationale Staatsbürgerschaft durch die postnationale EU-Bürgerschaft ersetzt wird? Entscheidend für das Verhältnis beider Modelle ist, dass sowohl im Amsterdamer Vertrag (1997, in Kraft seit Mai 1999) als auch in der EU-Verfassung festgehalten wird, dass die EU-Bürgerschaft die nationale Staatsbürgerschaft nicht ersetzt, sondern sie lediglich ergänzt.[14] Die EU-Bürgerschaft konstituiert keinen unabhängigen Status (vgl. d'Oliveira 1994; 1995; Weiler 1995; 1999), die Bürger der EU erhalten ihren Status als EU-Bürger ausschließlich durch ihre Mitgliedschaft in einem der Mitgliedsländer der Union.

Damit wird ersichtlich, dass es sich bei nationaler Staatsbürgerschaft und EU-Bürgerschaft um zwei distinkte Modelle dreht. Wobbe (2000) geht davon aus, dass die Nationalstaatlichkeit für ein Verständnis der EU-Bürgerschaft keine angemessene Orientierung bieten kann: Weder beruht die Unionsbürgerschaft auf einer geschriebenen Verfassung, noch erfüllt sie die grundlegenden Kriterien für eine Rechtsbeziehung zwischen Staat und Staatsangehörigen; sie stellt vielmehr einen indirekten Status der Mitgliedschaft dar, bezieht sich auf kein eigenes Hoheitsgebiet und konstituiert keine eigene Identität. Das daraus resultierende Paradox der EU-Bürgerschaft bildet sich zwar auf der Basis nationaler Staatsangehörigkeit und lehnt sich dabei an das Konzept der Nation an; zugleich besteht ihr neuer Charakter einerseits aber darin, dass sie sich gegenüber der nationalen Ebene verselbstständigt, und andererseits in der Verschränkung von nationaler, supra- und internationaler Ebene (vgl. ebd., 258).

Die Unionsbürgerschaft stellt damit relativ zur nationalen Staatsbürgerschaft eine Form der Mitgliedschaft dar, die tendenziell auf einen gleichen Rechtsstatus für EU-Bürger verweist, sich dabei aber von der nationalen Zugehörigkeit emanzipiert. Aus diesem doppelten Entwicklungsprozess lässt sich eine postnationale Entwicklungsrichtung herauslesen, die zur Folge hat, dass die EU-Bürgerschaft politische Inkorporation und Nationalität entkoppelt.

Daraus kann keineswegs das Ende des Nationalstaats und die Hinfälligkeit nationaler Staatsbürgerschaft abgeleitet werden. Es handelt sich vielmehr um die Koexistenz von nationaler und supranationaler Bürgerschaft und um die Vorstellung, „dass nationale Bürgerschaft als einziger und spezifischer Status

---

14   Vgl. deshalb Konzepte wie etwa das einer „multiplen Bürgerschaft" (Marks 1997) oder einer „verschachtelten Bürgerschaft" (Faist 2000).

sich wandelt und daneben weitere Formen der Mitgliedschaft treten, deren Rechte nicht ausschließlich auf Grund von Staatsangehörigkeit legitimiert sind" (ebd., 262).

Bürgerschaft und Nationalität

Es ist deutlich geworden, dass das Modell der EU-Bürgerschaft das nationale Modell der Staatsbürgerschaft ergänzen, nicht ersetzen soll. Für ein Verständnis des Verhältnisses von nationaler Staatsbürgerschaft zur EU-Bürgerschaft ist neben der Frage nach dem Nationalstaat als institutionellem Gerüst aber auch der Zusammenhang von Bürgerschaft und Nationalität entscheidend. Der zweite große Strang der Debatte um die EU-Bürgerschaft konzentriert sich auf den Zusammenhang von Citizenship und Nationalität.

Im Hinblick auf die Rolle und Funktion der EU-Bürgerschaft und die Folgen für das nationale Modell geht es deshalb um die Frage, ob der für die nationale Staatsbürgerschaft kennzeichnende Konnex von Bürgerschaft und Nationalität gelockert wird.

Für die moderne Staatsbürgerschaft war der Übergang von lokalen und regionalen Partikularismen im Entstehungsprozess des Nationalstaates als institutionellem Rahmen und die Entwicklung einer gemeinsamen nationalen Identität der Bürger entscheidend (vgl. Kap. 2). In diesem Prozess der Entstehung nationaler Gemeinschaften entstanden neue Bande von Solidarität zwischen den Bürgern einer Nation, und auf diesem Fundament wurde eine bürgerliche Kultur möglich.

Aron begriff die nationale Identität als unverzichtbares Kennzeichen moderner Staatsbürgerschaft, doch im Gegensatz dazu stellt die nationale Staatsbürgerschaft für Habermas (1994, 23; 1992a+b) lediglich ein historisches Modell unter anderen dar. So, wie sich im historischen Rückblick unterschiedliche Kontexte und Bedeutungen von Citizenship, ein sich veränderndes Verhältnis von Rechten und Pflichten sowie mit dem (Staats-)Bürgerstatus verbundene Loyalitäten und Identitäten identifizieren lassen (vgl. Heater 1990; Stewart 1995), stellt sich auch im Hinblick auf die EU-Citizenship die Frage, ob und in welchem Maße eine gemeinsame Identität für ein Gefühl der Zugehörigkeit und Zusammengehörigkeit und den daraus resultierenden wechselseitigen Verpflichtungen und Solidaritäten für eine Bürgerschaft entscheidend und konstitutiv ist.

Diese vorstellbare Lockerung oder Auflösung des Zusammenhangs von Bürgerschaft und Nationalität und die damit vorgestellte Ablösung eines historischen durch ein neues Modell macht aber auch ein prinzipielles Dilemma der EU-Bürgerschaft deutlich: Es gibt keine gemeinsame europäische Identität, auf der sie ruhen könnte. Da der Zugang zu ihr davon abhängt, ob man Bürger in einem der Mitgliedsstaaten der EU ist, steht man vor dem Problem, dass sich in diesen Staaten sowohl die Vorstellungen von Nationalität voneinander unterscheiden und damit auch die jeweilige Konzeption von Staatsbürgerschaft.

Auch wenn es durch die vielfältigen Optionen, die sich durch eine Auflösung sowohl der Bindung zwischen Individuum und Staat wie auch jener zwischen Nationalität und Citizenship ergeben, den Bürgern möglich wird, ihre vielfältigen Identitäten und Bindungen nicht nur auf nationaler, sondern auch auf sub- und transnationaler Ebene zum Ausdruck zu bringen (Meehan 1993b, 185; vgl. auch Meehan 1991; 1993a), bleibt doch offen, was eine europäische Identität eigentlich ausmacht.

Nur vor dem Hintergrund einer solchen Identität wären vermutlich die für eine EU-Bürgerschaft wichtigen Fragen zu diskutieren. Um nur einige zu nennen: Sind Kriterien für einen Erwerb der EU-Bürgerschaft jenseits Zugehörigkeit zu einem der Mitgliedsstaaten denkbar? Wie universalistisch kann ein solches Modell sein? Ist nicht auch ein postnationales Modell von Bürgerschaft notwendig exkludierend? Wie lässt sich in Europa ein Verhältnis von formaler Gleichheit und legitimer Ungleichheit institutionalisieren, das zu gerechten Bedingungen für alle Bürger führt? Worin besteht eine gemeinsam geteilte Kultur, die neue Solidaritäten auf europäischer Ebene generieren kann? Welche Rolle spielt Religion bei der Definition von Europa und damit für sein kulturelles Selbstverständnis? Was sind, mit einem Wort, also die Möglichkeiten und Bedingungen einer europäischen Identität (Aron 1974; Costa 2004)?

Nicht weniger als die fortbestehende Bedeutung der Nationalstaatlichkeit dürften daher auch der weiterhin bedeutsame Konnex von Bürgerschaft und nationaler Identität sowie die fehlende europäische Identität Gründe dafür sein, dass die EU-Bürgerschaft nicht beansprucht, an die Stelle nationaler Staatsbürgerschaft zu treten, sondern diese lediglich ergänzen will.

4.3 Menschenrechte

Die Aufmerksamkeit, die im politischen und wissenschaftlichen Diskurs seit einigen Jahren den Menschenrechten entgegengebracht wird, ist sicher eine der entscheidenden Folgen der diskutierten Globalisierungsprozesse. Massive Migration stellt einige der mit der Staatsbürgerschaft verbundenen Grundannahmen in Frage: so etwa, dass alle Mitglieder einer Gesellschaft auch deren Bürger sind; dass es eine gemeinsame, von allen Mitgliedern geteilte nationale Identität gibt; dass alle über gleiche Rechte und Pflichten verfügen – mit anderen Worten: die Annahme, dass die Bevölkerung einer Gesellschaft als (Staats-)Volk begriffen werden kann, ist nicht länger haltbar (vgl. Poggi 2003, 47).

Die Französische Revolution hatte bewusst eine Unterscheidung zwischen Menschen- und Bürgerrechten getroffen. Nur die Bürger einer Gesellschaft sollten über ein komplettes Set von Rechten verfügen und Teil des Souveräns sein. Über 200 Jahre danach stellt die häufig willkürliche Verweigerung der Staatsbürgerrechte für lange in ihren Aufnahmeländern lebende Migranten in normativer Hinsicht jedoch ein Problem dar, und nicht selten wird behauptet, dass die lange Zeit durch den Nationalstaat legitimierten Staatsbürgerrechte inzwischen als Menschenrechte kodifiziert seien (Soysal 1994) und deshalb eine Universalisierung der Staatsbürgerschaft zeitgemäß sei. Unter Bedingungen der Globalisierung scheinen die Menschenrechte zeitgemäßer und besser als die nationale Staatsbürgerschaft in der Lage zu sein, die Inklusion von Individuen zu gewährleisten.

Was bedeuten derartige Universalisierungsstrategien für das Modell nationaler Staatsbürgerschaft? Wie haben sich die Menschenrechte entwickelt und worin bestehen die grundlegenden Unterschiede zwischen dem nationalen und dem universellen Modell?

Entwicklung der Menschenrechte

Die „Allgemeine Erklärung der Menschenrechte" von 1948, der „Internationale Pakt über bürgerliche und politische Rechte" (Zivilpakt) und der „Internationale Pakt über wirtschaftliche, soziale und kulturelle Rechte" (Sozialpakt) sind die entscheidenden Dokumente, in denen das international vorherrschende Menschenrechtsverständnis kodifiziert ist. Träger der Menschenrechte ist das Individuum, wobei neben den individuellen Menschenrechten auch Gruppen- oder Kollektivrechte verankert sind, die insbesondere den Schutz von Minderheiten oder indigenen Völkern sichern sollen. Hamm (2003, 29) betont jedoch, dass es bisher nicht gelungen ist, „Minderheitenrechte in einem völkerrechtlichen Vertrag verbindlich zu regeln." Es handelt sich hier um Absichtserklärungen, und so bildet auch „das Rahmenübereinkommen des Europarates zum Schutz nationaler Minderheiten vom 1. Februar 1995 (...) nur ein schwaches Rechtsinstrument für Minderheiten im europäischen Raum" (ebd.).

Im Hinblick auf die Entwicklung der Menschenrechte lassen sich mit dem Generationenmodell und dem Stufenmodell zwei Möglichkeiten ihrer Differenzierung unterscheiden:

Das *Generationenmodell* geht von der inhaltlichen Erweiterung und Entwicklung der Menschenrechte aus. Die erste Generation umfasst danach bürgerliche und politische Rechte; die zweite Generation hingegen Rechte wirtschaftlicher, sozialer und kultureller Teilhabe; die Menschenrechte der dritten Generation schließlich die kollektiven Rechte, und hier vor allem das Recht auf Selbstbestimmung der Völker (vgl. Fritzsche 2004, 24f.). In dieser Perspektive zeigt sich vor allem, dass die klassischen Staatsbürgerrechte auch als Menschenrechte kodifiziert sind, und hier liegt vermutlich der Grund dafür, dass im philosophischen Diskurs um Menschenrechte häufig kaum zwischen Bürger- und Menschenrechten unterschieden wird (vgl. Gosepath und Lohmann 1999; Brunkhorst, Köhler und Lutz-Bachmann 1998).

Im Gegensatz dazu wird in dem vom internationalen UNESCO-Bildungsserver Dadalos angebotenen Stufenmodell jedoch deutlich, dass zwischen dem universalistischen Anspruch der Menschenrechte und ihrer Verwirklichung ein Spannungsverhältnis besteht. Hier wird „zwischen Schritten oder Stufen der philosophischen Begründung, der nationalstaatlichen Umsetzung und des internationalen Schutzes" unterschieden (Fritzsche 2004, 27).

Die *erste* Stufe des Menschenrechtsgedankens geht aus von dem in der Antike entwickelten Postulat der Gleichheit aller Menschen, während als theoretischer Vorläufer die Naturrechtsphilosophie gilt und hier vor allem John Locke die entscheidende Rolle spielt. Menschenrechte sind ein Resultat der Aufklärung, und es ist Lockes Verdienst, Leben, Freiheit und Eigentum als Rechte des Menschen sowie den Schutz dieser Rechte als Aufgaben des Staates bestimmt und mit dem Anspruch auf universelle Gültigkeit versehen zu haben. Die *zweite* Stufe bezieht sich auf die Kodifizierung der Menschenrechte in den Verfassungen von Nationalstaaten. Als Folge der Amerikanischen und Französischen Revolution werden die Menschenrechte im 18. und 19. Jahrhundert zum Bestandteil fast aller Verfassungen in europäischen Ländern. Die *dritte* Stufe geht wieder über den nationalstaatlichen Rahmen hinaus. Nach dem Zweiten Weltkrieg entwickelte sich das Völkerrecht „von einem zwischen souveränen Staaten geltenden Recht zu einem auch den Einzelnen als Träger völkerrechtlicher Rechte und Pflichten anerkennenden Recht" (ebd., 37f.). Für den Schutz der Menschenrechte und ihre Verwirklichung bleiben aber weiterhin die Nationalstaaten verantwortlich (Hamm 2003, 30).

Menschenrechte und Staatsbürgerschaft

Diese erneute Universalisierung des beanspruchten Geltungsbereiches der Menschenrechte spiegelt sich auch in soziologischen Debatten wider, und das hat Konsequenzen für das Modell nationaler Staatsbürgerschaft. Die Welt, in der T.H. Marshall sein Konzept der Staatsbürgerschaft entwickelte, so etwa Turners (1995,

4.3 Menschenrechte

203) Grundannahme, existiert nicht mehr; was hingegen beobachtet werden kann, ist die Entstehung eines neuen Regimes von Rechten, das den veränderten historischen Bedingungen besser entspricht. Hier wird davon ausgegangen, dass sich die zentralen Probleme im Zuge der Globalisierung auf die globale Ebene verlagert haben, weshalb den Menschenrechten, die universalistischer, zeitgemäßer und fortschrittlicher seien, größere Bedeutung zukomme als den Staatsbürgerrechten, wenngleich diese nicht völlig unbedeutend würden. Turner begreift eine auf den Menschenrechten beruhende Solidarität als historischen Fortschritt gegenüber einer auf nationalen Staatsbürgerrechten beruhenden, und während Citizenship ein dynamisches Konzept im Kontext nationalstaatlich organisierter Wohlfahrtsstaaten darstellt, erfüllen Menschenrechte diese Funktion für ein globales System.

Allerdings stehen der Vorstellung einer globalen Durchsetzung der Menschenrechte zwei zentrale Probleme entgegen: zum einen ist eine der zentralen Kritiken an den Menschenrechten ihr vermeintlich westlicher Charakter, der ihrem Anspruch auf globale Geltung entgegensteht; zum anderen bleibt unklar, welche Institutionen diese Aufgabe übernehmen sollen.

Der kulturalistische Diskurs um die Menschenrechte geht davon aus, dass das Konzept der Menschenrechte von der Tradition der Aufklärung und damit von einem westlichen liberalen Verständnis geprägt ist. Diese kulturelle Codierung steht jedoch dem Anspruch der Menschenrechte auf universelle Geltung entgegen, weshalb sie neu begründet werden müssen. Vorstellungen davon, was als „menschlich" oder als „Menschheit" gelten könne, besäßen keine universelle Bedeutung, und das noch immer mit der individualistischen Tradition verbundene Konzept von „Rechten" sei ein westliches Konzept. Die aus der westlichen Tradition der Aufklärung stammende naturrechtliche Argumentation zur Begründung der Menschenrechte müsse, so Turner (1993c, 499) durch zwei Annahmen einer Soziologie des Körpers ersetzt werden. Erstens geht Turner davon aus, dass unabhängig von kulturellen Besonderheiten alle menschlichen Körper *zerbrechlich* sind; zweitens betont er den *prekären* Charakter sozialer Institutionen, innerhalb derer sich Menschen bewegen. Mit diesen beiden Annahmen soll ein plausibler soziologischer Zugang zu den Menschenrechten möglich werden, der über die westliche Institution der Staatsbürgerschaft hinausgeht, da Menschenrechte nicht notwendig an den Nationalstaat gebunden sind (ebd., 500).

Auf der Grundlage seiner beiden Annahmen schließt Turner dann an die philosophische Anthropologie Arnold Gehlens und Helmut Plessners an. Das Prekäre der Institutionen, auf die der Mensch angewiesen sei, bestehe darin, dass es gerade jene Institutionen seien, die den Menschen schützen sollen – der Staat, das Recht und die Kirche –, die aufgrund ihres Machtmonopols menschliches Leben häufig bedrohen. Die Möglichkeiten der Staatsbürgerschaft, Menschen zu schützen sei daher beschränkt: „Citizenship is often not an adequate mechanism for protecting individuals against a repressive or authoritarian state. Human rights, insofar as they are extra-political or supra-societal rights which have their legitimacy beyond the state, are crucial in protecting individuals against state violence, or at least in providing the normative grounds on which individuals could be protected against state violence" (ebd., 502).

Es kann hier dahingestellt bleiben, wie überzeugend Turners Vorstellung des Menschen als zerbrechlichem und schutzbedürftigem Wesen als universalistische Begründung für die Menschenrechte tatsächlich ist. Entscheidend ist, dass die Utopie der global durchgesetzten Menschenrechte mit einem sehr einseitigen Blick auf den modernen Staat erkauft wird, denn die Bedeutung bürgerlicher Freiheitsrechte wird für den Schutz des Bürgers vor der Willkür staatlicher Herrschaft so wenig beachtet wie Formen demokratischer Rechtsstaatlichkeit.

Im Hinblick auf das Verhältnis von Menschenrechten und Citizenship bleiben weitere Fragen offen. Poggi zeigt, worin die Stärke Letzterer gegenüber Ersterer besteht: „It presupposes and substantiates a bond between a given set of individuals and a given political community, broad and internally diverse though it may be. Also, that particularistic bond is always, conceptually, a compound of rights *and duties*. Now, it is not clear, in the 'human rights' vision, which expectations would lie upon individuals as a counterpart to those which individuals themselves would hold *vis-à-vis* states" (Poggi 2003, 48). Zweifellos ist die Kodifizierung der Menschenrechte eine enorme Errungenschaft in der Menschheitsgeschichte (Woodiwiss 2005), und ihre Durchsetzung ist wünschenswert. In der aktuellen Begeisterung über die Versprechen der Menschenrechte bleibt jedoch meist unberücksichtigt, dass ihre globale Durchsetzung entscheidend von regulativen Institutionen abhängig ist. Da supranationale Institutionen bisher nicht existieren (Roche 1995), bleibt ihre Durchsetzung und Garantie notwendig an nationale Institutionen gebunden.

Der Souveränitätsverlust des Nationalstaates, die Institutionalisierung der EU-Bürgerschaft und das entstehende Regime der Menschenrechte – die Diskussion dieser Prozesse und ihrer Effekte auf die Staatsbürgerschaft macht deutlich, dass wir es hier mit Entwicklungen zu tun haben, die die mit dem Modell nationaler Staatsbürgerschaft verbundene Annahmen problematisch werden lassen und das normative Ideal von Citizenship in Frage stellen. Die Dynamik der in diesem Kapitel diskutierten Entwicklungen ist aber längst nicht so eindeutig, dass aus ihnen das Ende der Staatsbürgerschaft abgeleitet werden könnte. Wir haben es hier vielmehr mit widersprüchlichen Entwicklungen zu tun, in denen der Nationalstaat und mit ihm das nationale Modell der Staatsbürgerschaft auf absehbare Zeit zentrale Institutionen für die Wahrnehmung und Durchsetzung staatsbürgerlicher Rechte bleiben.

Ungleich radikalere Kritik am Konzept nationaler Staatsbürgerschaft wird hingegen im Kontext der sogenannten „Citizenship Studies" formuliert. Ihnen gemeinsam ist, dass sie das klassische Konzept der Staatsbürgerschaft für ungeeignet halten, die ihrer Ansicht nach wichtigsten Probleme moderner Gesellschaften zu lösen. Dieser Debatte widmet sich das folgende Kapitel.

5 „Citizenship Studies": Erosion der Staatsbürgerschaft?

Mit den Citizenship Studies hat sich im Laufe des vergangenen Jahrzehnts ein eigenes Feld in den Sozialwissenschaften etabliert, das mit den Feminist studies, queer studies, Aboriginal studies, African studies, diaspora studies, postcolonial studies, race and ethnic studies seine Wurzeln in den Strömungen von Postmoderne, Postkolonialismus, Multikulturalismus, Identitätspolitiken sowie der Globalisierung hat.

Die Entstehung der Citizenship Studies steht in engem Zusammenhang mit der Reorganisation des globalen Kapitalismus. Isin und Turner (2002) gehen in programmatischer Absicht davon aus, dass die dabei erfolgte Rekonfiguration sozialer Klassen, die Entstehung internationaler Regime von Governance und neuer Akkumulationsregimes zur Entstehung neuer sozialer Bewegungen geführt habe, die Gerechtigkeit einfordern und neue Ansprüche auf Anerkennung und Umverteilung erheben: „Major social issues such as the status of immigrants, aboriginal peoples, refugees, diasporic groups, environmental injustices, and homlessness have increasingly been expressed through the language of rights and obligations, and hence of citizenship" (ebd.). Allerdings sei es aufgrund der durch Globalisierung und Postmoderne grundlegend veränderten ökonomischen, sozialen und kulturellen Bedingungen erforderlich, über die klassische Vorstellung von Citizenship hinauszugehen.

Ging es im Kontext der Citizenship Studies zu Beginn noch darum, das Konzept der Staatsbürgerschaft zu bewahren und vorsichtig zu erweitern, so vollziehen sie inzwischen einen radikalen Bruch mit dem klassischen Konzept der Staatsbürgerschaft.[15] Mindestens zwei grundlegende Annahmen moderner Staatsbürgerschaft werden zurückgewiesen: Erstens wird der Staat nicht mehr als entscheidende Institution der Legitimation von Rechten begriffen, sondern bestenfalls als eine

---

15 1997 entwickelte Bryan S. Turner in der ersten Ausgabe der Zeitschrift „Citizenship Studies" die Grundzüge einer allgemeinen Theorie der Citizenship Studies, die noch direkt an T.H. Marshalls Konzept der Staatsbürgerschaft anschloss und angesichts der Durchsetzung des globalen Kapitalismus das dreigliedrige Schema der Staatsbürgerrechte um die global gültigen Menschenrechte zu ergänzen suchte.

Institution, gegenüber der mangels Alternativen versucht wird, Ansprüche geltend zu machen. Zweitens gelten die nationale Identität, und damit auch die politische Gemeinschaft eines Nationalstaates, nicht mehr als die entscheidenden Bezugspunkte für ein Verständnis von Bürgerschaft; vielmehr wird behauptet, dass Identitäten plural und nationale Gemeinschaften heterogen geworden sind, weshalb die Anerkennung dieser Identitäten von besondere Bedeutung ist.

Doch diese Neuausrichtung der Citizenship Studies hat weitere Konsequenzen für das Modell nationaler Staatsbürgerschaft: Mit neuem analytischen und theoretischen Werkzeug soll der Kampf gegen all jene Ungerechtigkeiten geführt werden, die mit dem modernen Konzept der Staatsbürgerschaft in westlichen Gesellschaften institutionalisiert worden sind, und so wird im Namen partikularistischer Forderungen nicht nur der universalistische Anspruch moderner Staatsbürgerschaft bestritten, sondern auch beklagt, dass aufgrund des Charakters moderner Staatsbürgerschaft viele soziale Gruppen von Exklusion betroffen seien.

Der Universalismusanspruch und das Inklusionsgebot moderner Staatsbürgerschaft werden von Isin und Turner aus drei Gründen zurückgewiesen: Erstens wird festgestellt, dass bürgerliche und politische Rechte in verschiedenen Ländern in äußerst unterschiedlichem Ausmaße verwirklicht worden seien und die mit der Staatsbürgerschaft einhergehenden Pflichten ebenfalls stark variieren; zweitens gebe es im Ländervergleich enorme Unterschiede in der Praxis der Einbürgerung von Fremden; drittens schließlich seien selbst grundlegende Rechte in vielen Gesellschaften erst zu Beginn des 20. Jahrhunderts eingeführt worden; das Wahlrecht für Frauen in einigen Ländern sogar noch später (ebd., 3).

Angesichts des immer nur unzureichend verwirklichten Ideals moderner Staatsbürgerschaft behaupten Isin und Turner, dass sie zwar Inklusion, Zugehörigkeit und Universalismus propagiere, tatsächlich aber bestimmte Gruppen zu Fremden und Außenseitern mache. Die in liberalen, korporatistischen und sozialdemokratischen Gesellschaften geführten Auseinandersetzungen um Staatsbürgerrechte hätten sich deshalb darauf konzentriert, den Staatsbürgerstatus auszudehnen und zu verteidigen, doch die hierzu von Liberalismus, Kommunitarismus und Republikanismus entwickelten Typologien seien im 21. Jahrhundert angesichts des veränderten Wesens von Citizenship nicht mehr hilfreich (ebd., 3f.).

Vielmehr sei es, so die Annahme, unter grundlegend veränderten Bedingungen erforderlich, von der Vorstellung von Staatsbürgerschaft als einem rechtlichen Status Abschied zu nehmen. Im Wesentlichen sei sie als sozialer Prozess zu begreifen, in dem Individuen oder soziale Gruppen versuchen, Rechte durchzusetzen, bestehende Rechte auszudehnen oder bedrohte Rechte zu verteidigen. Damit gehe ein neues Verständnis von Citizenship einher, das auf die Bedeutung von Praktiken, Bedeutungen und Identitäten abhebe (ebd., 4) und ein im Wesentlichen praktisch-politisches Verständnis von Citizenship propagiert. Auf die republikanische Tradition des aktiven Bürgers wird dabei aber in spezifischer Weise zugegriffen, denn es geht nicht mehr um die Vorstellung der Verwirklichung der Belange einer Bürgerschaft, sondern um gemeinschaftliche Interessen im Sinne spezifischer Gruppen, die sich um eine gemeinsam geteilte Identität bilden und von hier aus Ansprüche erheben.

Die zentralen Begriffe, die in den Kämpfen um Umverteilung und Anerkennung einer enormen Vielfalt von Gruppen ins Feld geführt werden, lauten: *Identität* und *Differenz*. Sie werden zum Dreh- und Angelpunkt all jener sozialen Auseinandersetzungen, in denen es sowohl um ein neues Verständnis von Citizenship wie auch um die Entwicklung neuer Konzepte geht: „[Sexual] citizenship, ecological citizenship, diasporic citizenship, differentiated citizenship, multicultural citizenship, cosmopolitan citizenship and Aboriginal citizenship" (ebd., 2) sind einige jener Konzepte, deren Repräsentanten versuchen, Einfluss auf nationale und transnationale Politik zu nehmen.

Wenngleich im Kontext der Citizenship Studies zur Kenntnis genommen wird, dass die Welt weiterhin in Nationalstaaten gegliedert und die nationale Zugehörigkeit auch künftig das entscheidende Kriterium der Zuordnung von Menschen zu spezifischen Gesellschaften sein wird, so gehen Isin und Turner doch davon aus, dass neue Formen kultureller Politik ein neues Verständnis von Zugehörigkeit befördern, das es erforderlich macht, die Bedeutung der Staatsbürgerschaft neu zu bestimmen. Immigration und Emigration, die Entstehung supranationaler und transnationaler Gebilde, Flüchtlingsbewegungen und die Kodifizierung der Menschenrechte gelten als Anzeichen dafür, dass Citizenship zunehmend eine transnationale Angelegenheit sein wird (ebd., 5).

Vor diesem Hintergrund lassen sich Universalisierungs- und Partikularisierungsstrategien von Citizenship unterscheiden, mit denen auf je eigene Art postnationale Modelle von Mitgliedschaft entwickelt werden. Als *Universalisierungsstrategien* von Citizenship können einerseits vage Vorstellungen einer „Global Citizenship" (Falk 1994) als auch unterschiedliche Ansätze zu einer „kosmopolitischen Bürgerschaft" (Linklater 2002) gelten, denn hier steht nicht mehr der Bürger, sondern der Mensch im Mittelpunkt. Bereits die in Kapitel 4 diskutierten rechtlich kodifizierten Konzepte der EU-Bürgerschaft und der Menschenrechte können als Universalisierungsstrategie von Citizenship begriffen werden, da sie über nationale Gemeinschaften hinausweisen, doch es ist deutlich geworden, dass sie die nationale Staatsbürgerschaft entweder ergänzen oder ein normatives Ideal darstellen, dessen Durchsetzung vom administrativen Apparat des Nationalstaates abhängig bleibt. Die im Rahmen der Citizenship Studies entwickelten Konzepte gehen hingegen davon aus, dass die nationale Staatsbürgerschaft ein überholtes Modell ist.

Als *Partikularisierungsstrategien* von Citizenship können hingegen jene Konzepte verstanden werden, die sich weniger auf die institutionellen Verankerungen jenseits des nationalstaatlichen Rahmens konzentrieren, sondern auf die Frage nationaler Identität: Nicht mehr die nationale Identität aller Bürger wird als entscheidend erachtet, sondern eine Vielzahl partikularer Identitäten. Als Partikularisierungsstrategien lassen sich deshalb alle Formen von Gruppen- und Minderheitenrechten sowie Konzepte von Sexual Citizenship, Aboriginal Citizenship etc. begreifen, die den je spezifischen Identitäten Priorität einräumen.

Um besser verstehen zu können, was es mit den Citizenship Studies auf sich hat, sollen im Folgenden die Grundzüge von drei unterschiedlichen Konzepten näher betrachtet werden.

5.1 Sexual Citizenship

Sexual Citizenship ist ein sehr neues Konzept, für das die Vorstellung einer gemeinsamen nationalen Identität der Bürger nicht mehr entscheidend ist. Das Verhältnis von Citizenship und Identität wird nicht mehr in Begriffen von Nation und Nationalität gefasst, im Mittelpunkt steht vielmehr die je spezifische sexuelle Identität der Individuen. Als „umbrella term" umfasst Sexual Citizenship sowohl die Debatten der verschiedenen sexuellen Minderheiten als auch jene, in denen Citizenship als „vergeschlechtlichtes" Konzept thematisiert wird. Und hier zeige sich, dass heterosexuelle Frauen, lesbische Frauen und schwule Männer nur partiell in Citizenship inkludiert und die Dynamiken ihrer Exklusion trotz unterschiedlicher nationaler und kultureller Kontexte sehr ähnlich sind (Lister 2002, 192).

Mit dieser kulturalistischen Interpretation gehen zwei entscheidende Veränderungen einher: Während das traditionelle Konzept der Staatsbürgerschaft mit der Vorstellung von Status, Rechten und Umverteilung verbunden war, rückt jetzt der Begriff der Identität in den Mittelpunkt und thematisiert Zugehörigkeit, Solidarität und Anerkennung (Isin und Wood 1999). Und während Citizenship im Hinblick auf den öffentlichen Charakter des Staatsbürgers von Körper, Sexualität und Geschlechtszugehörigkeit der Bürger und Bürgerinnen absah und sie als Aspekte der Privatsphäre behandelte, will das Konzept der Sexual Citizenship diese Trennung zwischen Privat und Öffentlich gerade durchbrechen. Der Körper, das Intime und Sexualität sollen als relevant für ein Verständnis von Staatsbürgerschaft begriffen werden, und sie sollen ein zentrales Kriterium für die Verleihung von Rechten werden: Aufgrund der Sexualität einer Person sollen nicht nur bürgerliche, politische und soziale Rechte spezifiziert, sondern ferner neue Ansprüche auf „sexuelle Rechte" erhoben werden (Richardson 2000, 107).

Die Exklusion von Staatsbürgerrechten lässt sich am deutlichsten am Beispiel des Ausschlusses von Frauen zeigen. Ihr Kampf um volle Staatsbürgerschaft lässt sich bis ins 18. Jahrhundert zurückverfolgen, und wenngleich die feministische

Diskussion um Staatsbürgerschaft weit verzweigt ist, teilen die unterschiedlichen Stränge doch die Überzeugung, dass die Kategorie „Geschlecht" weder in der liberalen Tradition noch in den gegenwärtigen Auseinandersetzungen um Staatsbürgerschaft Berücksichtigung findet. Ursprung der Kritik am liberalen Verständnis der Staatsbürgerschaft ist ein widersprüchliches Verhältnis zwischen Feminismus und Liberalismus. Einerseits kennzeichnen die Ideen gleicher Rechte und die Forderung nach Chancengleichheit, die Vorstellung individueller Freiheit und die Forderung nach Abschaffung von Vorrechten Liberalismus und Feminismus (vgl. Mitchell 1987; Phillips 1987; Pateman 1989). Andererseits stehen dem aufklärerischen Impetus verkündeter Freiheiten sowohl bei John Stuart Mill (1989) als auch bei John Locke (1992) problematische Konzeptionen des Geschlechterverhältnisses entgegen. Obgleich Mill die Unterordnung von Frauen unter ihre Ehemänner als ungerechtfertigte Ausnahme von den proklamierten liberalen Prinzipien begreift und die Herrschaft von Männern als in Traditionen verankert und auf der Überzeugung ihrer natürlichen Überlegenheit beruhend kritisiert, vermeidet er es, diese Überzeugung konsequent auf den häuslichen Bereich zu übertragen, um damit auch die Arbeitsteilung zwischen den Geschlechtern zu kritisieren (vgl. Pateman 1989, 376). Nicht weniger folgenreich erweist sich Lockes Konzeption des Ehevertrages, der das Geschlechterverhältnis regelt, neben den Gesellschaftsvertrag tritt und Frauen prinzipiell männlicher Gewalt unterordnet (vgl. Baer 1997).

Vor diesem Hintergrund verweisen feministische Theoretikerinnen auf eine doppelte Trennung von privater und öffentlicher Sphäre sowie deren Verfestigung in der häuslichen Sphäre, was zu Problemen mit dem liberalen Verständnis der Staatsbürgerschaft führt. Erstens die *Trennung der gesellschaftlichen Sphären des Privaten und Öffentlichen*. Sie werden voneinander getrennt und einander gegenüberstehend konzipiert, und es wird angenommen, dass in ihnen gegensätzliche Prinzipien konstitutiv sind: Frauen (Gefühl) werden der privaten, Männer (Vernunft und Rationalität) der öffentlichen Sphäre zugewiesen. Da der Bürger als rationaler, in der öffentlichen Sphäre handelnder Akteur begriffen wird, zieht diese Strukturierung den Ausschluss von Frauen aus der Öffentlichkeit nach sich, was für ihren Status als Bürgerinnen von grundlegender Bedeutung ist (vgl. Wilde 1995, 144; Pateman 1987; Lister 1993; Young 1995).

Zweitens resultiert die vollständige Ausklammerung des privaten, häuslichen Bereiches jedoch aus einer weiteren *Trennung von Privat und Öffentlich innerhalb der Civil Society* selbst: „'Private' in this sense is not about the family; abstracting entirely from the domestic sphere, it refers to the market, to the economy, to our 'social' as opposed to our 'political'life. And because the family is now completely out of the picture, liberalism can more plausibly pretend that we are indeed the private and isolated individuals on which its theories rest" (Phillips 1987, 15).

Indem damit von der privaten, im Sinne einer häuslichen Sphäre und ihren partikularen Bezügen abstrahiert wird, und die Ökonomie, der Markt, als der Politik entgegengesetzte, private Sphäre gilt und den Männern zugewiesen wird, verschwinden Frauen gewissermaßen aus der Welt der Staatsbürger (vgl. Vogel 1991).

Als Verfestigung der Trennungen von Privat und Öffentlich lassen sich die Folgen der *patriarchalen Strukturierung des Haushaltes* begreifen: Zum einen geht es darum, dass die Gegenüberstellung von häuslicher Sphäre und Öffentlichkeit ideologisch ist, da sowohl die Trennung beider Sphären als auch die hierarchische und patriarchalische Ordnung der häuslichen Sphäre Resultat politischer, in der Sphäre des Öffentlichen getroffener Entscheidungen sind (vgl. Okin 1992, 60). Zum anderen bleibt die Institution der Ehe das größte Hindernis für eine Staatsbürgerschaft für Frauen. Die Ehe schreibt auch unter wohlfahrtsstaatlichen Bedingungen die Abhängigkeit der Frauen von ihren Ehemännern fest, fesselt sie an die häusliche Sphäre und hält sie in einem Status der Unmündigkeit (Vogel 1991).

Diese Trennung von Öffentlich und Privat hat jedoch nicht nur für heterosexuelle Frauen, sondern auch für lesbische Frauen und schwule Männer Konsequenzen, insofern ein Ausschluss aus der Sphäre des Öffentlichen zur Folge hat, dass die Betroffenen nur über eine partielle Citizenship verfügen. Richardson (1998) begründet dies im Hinblick auf bürgerliche Rechte mit der Exklusion vom Militärdienst und dem Verbot gleichgeschlechtlicher Ehen; mit den Problemen eines „coming out" im politischen System sowie mit Folgen bei sozialen Rechten aufgrund der Nicht-Anerkennung gleichgeschlechtlicher Partnerschaften.

Entscheidend für all diese Exklusionen sei, dass das heterosexuelle Konstrukt der Trennung beider Sphären darauf beruhe, dass in der liberalen und republikanischen Tradition der Bürger als abstraktes, mit Vernunft und Rationalität begabtes Individuum begriffen wurde und wird, während heterosexuelle Frauen wie auch lesbische Frauen und schwule Männer mit Körper und Sexualität assoziiert werden (Lister 2002, 193). Der angebliche Universalismus der Staatsbürgerschaft sei daher ein „falscher Universalismus" (Lister 1998), denn die Trennung von Privat und Öffentlich reserviert die öffentliche Sphäre – den Ort des Bürgers – für heterosexuelle Männer (Lister 2002, 195).

Vor diesem Hintergrund lautet das Credo jener sozialen Bewegungen, die eine Sexual Citizenship befürworten, dass sich von einem Gegensatz vom heterosexuellen Männlichen und dem „Anderen" ausgehen lasse. Als dieses „Andere" gelten all jene, die mit dem Körper und Gefühlen identifiziert werden (vgl. Young 1990, 10) und damit unter Herrschaft und Unterdrückung leiden. Der Vorwurf wird hier bis zu der Behauptung vorangetrieben, dass das heterosexuelle Männliche in liberalen Gesellschaften „das Menschliche" repräsentiert, während all jene, die in die Kategorie „das Andere" eingeordnet werden, gewissermaßen „entmenschlicht" worden seien und werden.

Auf der Grundlage dieser Dichotomisierung können Benachteiligung und Unterdrückung skandalisiert sowie „Identitätspolitiken" (Hobsbawm 1996) entwickelt werden, die im Namen von Gleichheit und Differenz partikularistische Forderungen der Anerkennung durchsetzen wollen. Einige illustrative Beispiele müssen hier genügen: Aufgrund der Bedeutung der öffentlichen Sphäre für die Staatsbürgerschaft fordern Isin und Wood (1999, 85) für lesbische Frauen und Schwule einen spezifischen Zugang zu ihr: „[The] right to participate in public processes *as a sexual person*, even if that sexuality is homosexuality"; Joseph (1997, 88f.) fordert mit Blick auf Prozesse des Nationbuilding: „Elites imagining the state and nation not only must conceptualize women as a category but must articulate the gender-specific expectations of citizenship"; ferner wird angenommen, dass lesbische Frauen und schwule Männer gewöhnlich aus dem Prozess der Konstruktion von „Nation" und „Nationalität" ausgeschlossen worden seien; der heterosexuelle Mann sei konstruiert worden als Verteidiger der Nation, der Bürger als Soldat sei so eine bedeutende historische Figur geworden, die das Verständnis von Citizenship geprägt habe (vgl. Hearn 1997).

Die Vorstellung von „Citizenship as a sexualized concept" (Lister 2002, 198) geht davon aus, dass sexuelle Subjektivität in der heutigen Welt von allergrößter Bedeutung sei. Der Bürger sei, so Weeks (1998, 35), „a harbinger of a new politics of intimacy and everyday life", und vor diesem Hintergrund unterscheidet Lister im Anschluss an Richardson (2000) drei Typen von Rechten oder Ansprüchen, die mit dem Konzept verbunden sind:

Practice-based sexual rights stellen Ansprüche auf bürgerliche Rechte dar: „[They] refer to the right to participate in sexual activity, to sexual pleasure and to sexual and reproductive autonomy" (Lister 2002, 199). Solche Rechte sichern nicht nur „reproductive rights" von Frauen und damit ihre Autonomie; sie schützen ferner sexuelle Minderheiten, die häufig kriminalisiert werden, und räumen Behinderten, die zumeist als asexuell begriffen werden, ein Recht auf sexuelle Aktivität ein.

Identity-based claims: Dieser Typus entstand mit der Schwulenbewegung: „These are claims to public recognition as lesbians, gays, bisexuals or transgendered groups, as opposed to private tolerance of particular sexual acts" (ebd., 200). Hier dreht es sich unter anderem darum, dass diesen Gruppen ein Recht eingeräumt werden soll, auch in den Medien repräsentiert zu werden, oder das Recht, schwule Identität als Lebensstil zu propagieren (Pakulski 1997, 81).

Relationship-based rights: Hier geht es beispielsweise um das Recht auf die öffentliche Anerkennung sexueller Partnerschafen, und es soll damit darauf hingewiesen werden, dass Bürgerrechte nicht schlicht individuelle Rechte sind, sondern Rechte, die in Beziehungen zum Ausdruck kommen.

5.2 Post-national/Denationalized Citizenship

In der Debatte um Formen einer postnationalen oder denationalisierten Bürgerschaft wird davon ausgegangen, dass der intrinsische Zusammenhang von moderner Staatsbürgerschaft und dem Nationalstaat sowie die daraus resultierenden Charakteristika von Citizenship sich verändern und tendenziell aufgelöst werden. Auch hier geht es um die fortbestehende Bedeutung nationaler Identität, doch in diesem Strang der Citizenship Studies spielen auch gesellschaftliche Institutionen eine große Rolle.

Während einige postnationale Modelle, wie auch rein kulturalistische Ansätze, die Annahme einer gemeinsamen nationalen Identität problematisieren, suchen andere nach institutionellen Anbindungen für neue Formen der Mitgliedschaft jenseits des Nationalstaates. Im Kontext der Denationalisierung von Citizenship geht es hingegen um die Frage, wie sich das Nationale unter globalen Bedingungen verändert und ob dadurch das institutionelle Gerüst nationaler Staatsbürgerschaft fraglich wird: „Their difference is a question of scope and institutional embeddedness. The understanding in the scholarship is that *post-national citizenship* is located partly outside the confines of the national. I argue that in considering *denationalization*, the focus moves on to the transformation of the national in its condition as foundational for citizenship" (Sassen 2002a, 286 – Hervorhebung J.M.).

Postnationale Bürgerschaft

Modelle postnationaler Bürgerschaft sind ein recht heterogenes Feld, doch wie unterschiedlich sie auch sein mögen, so lassen sich doch Schwerpunkte der Kritik am nationalen Modell der Citizenship erkennen: Sie alle argumentieren gegen das institutionelle Gerüst des Nationalstaates; sie ziehen seine Rolle als einzige legitime Quelle von Rechten in Zweifel, und sie lehnen die Bedeutung nationaler Identität ab. Am deutlichsten wird dies in Abgrenzung zu den normativen Kriterien, die mit der nationalen Staatsbürgerschaft eng verbunden sind.

Traditionell geht mit der über Citizenship definierten Zugehörigkeit zum Nationalstaat die Vorstellung einher, dass sie *einheitlich, heilig, national, demokratisch*, und *einzig* ist und darüber hinaus *soziale Konsequenzen* haben sollte (vgl. Brubaker 1989d, 4ff.). Die Vorstellungen der Einheitlichkeit und Heiligkeit der Staatsbürgerschaft leiten sich historisch von der Französischen Revolution her. Die in ihrem Zuge etablierte einheitliche und unvermittelte Konzeption deutet auf die formale Gleichheit aller Staatsbürger und ihr Verhältnis zum Staat hin. Die Vorstellung der Heiligkeit hingegen akzentuiert das republikanische Erbe, das die

5.2 Post-national/Denationalized Citizenship

Pflicht des Bürgers betont, Opfer zu bringen, „heilige" Akte zu vollziehen und notfalls bereit zu sein, für seinen Staat zu sterben. Der Aspekt der Zugehörigkeit zur Nation verweist darauf, dass die politische Gemeinschaft zugleich auch eine kulturelle sein sollte, also eine Gemeinschaft von Sprache, Sitte und Charakter. Der demokratische Charakter der Staatsbürgerschaft meint, dass die volle Mitgliedschaft in einer Nation darin zum Ausdruck kommen soll, dass der Bürger an der Bestellung und Ausübung von Herrschaft beteiligt wird; die mit der Staatsbürgerschaft verbundene Annahme der Einzigartigkeit zielt auf ihren exklusiven Charakter: Die Zugehörigkeit zu einer Nation sollte erschöpfend sein und andere Zugehörigkeiten ausschließen; und schließlich zielt die Idee, dass eine solche Zugehörigkeit mit sozialen Konsequenzen verbunden sein sollte, darauf ab, dass es innerhalb einer solchen Gemeinschaft zu einem allgemeinen Wohlergehen kommen sollte.

Brubaker geht zwar davon aus, dass der Verlust des sakralen Elements der Staatsbürgerschaft mehr mit der emotionalen Distanz der Bürger zum bürokratischen Wohlfahrtsstaat oder dem Niedergang des Volksheeres zu tun hat, als mit den Folgen von Immigration und Einbürgerung. Aber es sind zu einem beachtlichen Teil Letztere, die im Laufe von Jahrzehnten bereits bestehende Anomalien verstärkt haben und die nationale Staatsbürgerschaft in Frage stellen. Und interessanterweise sind gerade im Kontext der Debatten um das Verhältnis von Staatsbürgerschaft und Immigration die nationale Dimension von Citizenship problematisiert und Vorstellungen von postnationalen Mitgliedschaften entwickelt worden (vgl. Soysal 1994; Jacobson 1996; Feldblum 1998).

Yasemin N. Soysal (1994; 1996) geht in ihrem Konzept „postnationaler Mitgliedschaft" davon aus, dass die Inkorporation der in der Nachkriegszeit in westliche liberal-demokratische Staaten eingewanderten Immigranten in die Institutionen ihrer Aufnahmeländer die Grenze zwischen Bürgern und Nicht-Bürgern undeutlich und letztlich hinfällig werden lässt. In zunehmendem Maße, so Soysal, würden die Rechte und Privilegien, die im nationalen Modell der Staatsbürgerschaft ausschließlich Staatsbürgern vorbehalten waren, als Rechte der Person kodifiziert und verliehen. Nationale Staatsbürgerschaft sei deshalb nicht länger die notwendige Voraussetzung für die Mitgliedschaft in politischen Gemeinschaften, nationale Zugehörigkeit und institutionelle Einbindung würden immer stärker voneinander entkoppelt und nationale Rechte zunehmend universalisiert. Aus diesen Gründen könne von einem neuen Modell der Zugehörigkeit – der „postnational membership" – gesprochen werden. Soysal begründet diese Einschätzung mit zwei transnationalen Entwicklungen, die unmittelbare Auswirkungen auf die Souveränität des Nationalstaates haben und zu einer Veränderung der Institution nationaler Staatsbürgerschaft führen: Zum einen die Transformation der Organisation des internationalen Staatensystems: *quantitativ* führe diese zu einer Einbindung des Nationalstaates in ein wachsendes Geflecht inter- und transnationaler Beziehungen, wodurch sich Fragen nationaler Souveränität verkomplizieren; *qualitativ* werde am Beispiel der Arbeitsmigranten deutlich, dass deren Behandlung in den jeweiligen Aufnahmeländern längst nicht mehr ins Belieben des jeweiligen Nationalstaates gestellt ist, sondern im Rahmen bi- und multilateraler Abkommen verbindlich ausgehandelt wird, wodurch das Problem zu einem supranationalen wird. Zum anderen schreibt Soysal der Entstehung universalistischer Regeln und Konzeptionen entscheidende Bedeutung zu. Durch sie werden die Rechte des Individuums als Menschenrechte kodifiziert, von einer Vielzahl von Körperschaften anerkannt, zu formalen, institutionalisierten Normen transformiert, und sie erhalten dadurch auf nationaler Ebene Verbindlichkeit. Diese Entwicklungen deuten für Soysal darauf hin, dass der formale Status als Staatsbürger für die Inanspruchnahme substanzieller Rechte immer unbedeutender wird, individuelle Rechte nach und nach aus ihrem nationalen Legitimationskontext herausgelöst und als universalistische Rechte auf globaler Ebene definiert werden.

Derartige Entwicklungen haben für das von Brubaker entwickelte normative Ideal der Staatsbürgerschaft strukturelle und individuelle Konsequenzen: Im Widerspruch dazu steht zum einen zunächst die starke Zunahme verschiedener Statusarten, die teilweise Zugehörigkeit garantieren, denn in dem Maße, in dem die mit diesen Statusarten einhergehenden Rechte sich den Bürgerrechten annähern, wird der Staatsbürgerstatus tendenziell entwertet. Zum anderen zeigt Brubaker aber auch, dass der Desakralisierungsprozess der Staatsbürgerschaft auch daraus resultiert, dass dem zu beobachtenden Bedürfnis nach voller Staatszugehörigkeit auf Seiten der Immigranten keineswegs die Bereitschaft entspricht, auch der korrespondierenden Kulturnation anzugehören. In normativer Hinsicht sind ferner die Ausweitung von Doppel-Staatsangehörigkeiten und schließlich der langfristige Ausschluss lange in einem Lande lebender Migranten vom Wahlrecht problematisch (Brubaker 1989d, 7).

In Anbetracht dieser vielfältigen Entwicklungen reagieren Partikularisierungsstrategien von Bürgerschaft auf die Heterogenisierung moderner Gesellschaften, in denen eine gemeinsame nationale Identität nicht mehr als gegeben angenommen werden kann. Wenngleich diese Entwicklungen das Ideal der Staatsbürgerschaft problematisch erscheinen lassen, so zeigt sich bei allen Modellen postnationaler Mitgliedschaft ein seltsames Paradox: Der behauptete Übergang zu Formen postnationaler Mitgliedschaft jenseits des Nationalstaates bleibt letztlich darauf angewiesen, dass die mit ihr einhergehenden Rechte partikularistisch im Rahmen des Nationalstaates verwirklicht werden.

5.2 Post-national/Denationalized Citizenship

Denationalisierte Bürgerschaft

Im Mittelpunkt der Konzeption denationalisierter Bürgerschaft stehen die Auswirkungen all jener Prozesse, die in Kapitel 4 als Herausforderungen für das nationale Modell der Staatsbürgerschaft diskutiert wurden. Ökonomische, politische und kulturelle Globalisierung, die Entstehung neuer trans- und supranationaler Akteure oder das vermeintliche Ende der Souveränität des Nationalstaates – sie alle wirken auf nationale Institutionen und das Nationale ein und verändern dadurch die Bedingungen für Bürgerschaft: Denationalisierung „has to do with the transformation of the national, specifically under the impact of globalization and several other dynamics, and will tend to instantiate inside the national" (Sassen 2002a, 286).

Das Konzept der Denationalisierung wie auch die Idee denationalisierter Bürgerschaft verweist darauf, dass aufgrund dieser Prozesse nationale Staatsbürgerschaft entwertet wird und andere kollektive Organisationen und Zugehörigkeiten an Bedeutung gewinnen. Im Kern geht es dabei um territoriale und institutionelle Transformationen staatlicher Macht und Herrschaft, in deren Verlauf Bürgern Möglichkeiten eröffnet werden, in internationalen und globalen Arenen zu legitimen Akteuren zu werden, in denen traditionell der Staat legitimer Akteur war (vgl. ebd.). Die Veränderung des Nationalen im Prozess der Globalisierung hat zur Folge, dass auch die Institution der Citizenship einen Prozess des Wandels durchläuft.

Es sind nicht selten gerade staatliche Strategien, wie die Ausweitung der Bürgerrechte oder das durch den Staat selbst vorangetriebene Regime der Menschenrechte, die Rückwirkungen auf die Institution nationaler Staatsbürgerschaft haben und den Zugriff des Staates auf seine Bürger lockern. Sassen richtet das Augenmerk darüber hinaus aber auf eine spezifische Entwicklung, die für ein Verständnis denationalisierter Bürgerschaft und der Möglichkeit demokratischer Bedingungen zentral sein dürfte. Die Tatsache, dass Staaten ausländischen Akteuren, wie Firmen, Investoren, Geschäftsleuten etc. „Rechte" einräumen, ist charakteristisch für das Verhältnis von Globalisierung und Denationalisierung und macht auf ein zentrales Problem von Citizenship aufmerksam: „For me the question of how citizens should handle these new concentrations of power and ‚legitimacy' that attach to global firms and markets is a key to the future of democracy" (ebd., 287). Es geht im Kontext denationalisierter Bürgerschaft damit um ein zentrales demokratietheoretisches und gesellschaftliches Problem: Im Mittelpunkt steht die Frage, wie unter neoliberalen Bedingungen ökonomische Akteure wieder demokratisch kontrolliert werden können und welche Möglichkeiten politischer Partizipation Bürgern offen stehen.

5.3 Ecological/Environmental Citizenship

Klimawandel, Ozonloch und Waldsterben, Three Miles Island, Seveso oder Tschernobyl – seit den 1980er Jahren gelten Umweltprobleme und -katastrophen als Inbegriff globaler Gefährdungen für Mensch und Natur (Beck 1986). Und seit dieser Zeit gilt die Umweltbewegung als eine jener sozialen Bewegungen, deren Aktivitäten zur Durchsetzung neuer Rechte jenseits bürgerlicher, politischer und sozialer Rechte beigetragen haben (Turner 1986).

Die mit diesen Entwicklungen einhergehende Idee einer Ecological/Environmental Citizenship verweist auf normative Ideale einer Verantwortung für die Lebensgrundlagen der Menschheit, auf das Verhältnis globaler ökonomischer Zwänge und Imperative und den entsprechenden politischen Reaktionen, die weltweite Bedrohung der Lebensgrundlagen und eine notwendige transnationale politische Mobilisierung zu deren Bewahrung (Falk 1994).

Ein, wenn nicht der Kernbegriff des Konzepts der Ecological/Environmental Citizenship ist der der *Verantwortung* des Bürgers (Dean 2001, 491). Damit wird zwar auf ein klassisch republikanisches Verständnis von Bürgerschaft zurückgegriffen, doch diese Vorstellung wird zugleich in dreifacher Hinsicht erweitert: zum einen geht sie über die Verantwortung gegenüber dem Mitbürger hinaus und bezieht auch Tiere als lebende Kreaturen in die Vorstellung von Rechtsträgern mit ein; zum zweiten wird die Verantwortung des Einzelnen gegenüber der Natur, und damit gegenüber den Grundlagen menschlichen Lebens betont; und schließlich geht es um die globale Dimension ökologischer Bürgerschaft, die in einer besonderen Verantwortung der Bürger angesichts globaler Risiken besteht.

Fasst man die ersten beiden Punkte zusammen, so wird die Stoßrichtung der Debatte um eine Ecological/Environmental Citizenship deutlich: Der Bericht der Brundtland Kommission „Our Common Future" (World Commission on Environment and Development 1987) führte den in der heutigen Debatte zentralen Begriff der Nachhaltigkeit ein (vgl. Newby 1996, 216 ff.) und formulierte zu diesem Zeitpunkt ein Recht der Ungeborenen auf eine bewohnbare Welt. Damit bewegte sich die Kommission noch innerhalb eines anthropozentrischen Weltbildes. Die Umweltbewegung geht jedoch über dieses Weltbild hinaus und bezieht in ihre Vorstellungen und Forderungen Tierrechte und das Recht der Natur selbst mit ein (van Steenbergen 1994b, 144; Turner 1986). Die Logik des klassischen Konzepts der Staatsbürgerschaft, das Pflichten und Verantwortung im Verhältnis zwischen Bürgern betonte, wird hier auf die natürliche Umwelt ausgedehnt. Verantwortung gilt nicht mehr nur innerhalb eines gesellschaftlichen Zusammenhangs, sondern auch im Hinblick auf dessen natürliche Grundlagen (vgl. Smith 1998, 98).

Doch die Kritik am klassischen Konzept der Staatsbürgerschaft geht viel weiter und bezieht sich auf seine kulturellen und normativen Grundlagen. Citizen-

5.3 Ecological/Environmental Citizenship

ship sei als westliches Konzept Ausdruck der Aufklärung und des politischen Liberalismus (Curtin 2002), und beides stehe einer ökologischen Bürgerschaft entgegen: zum einen gebe es in westlichen Kulturen („enlightenment cultures") häufig sowohl eine Entgegensetzung von Natur und Kultur als auch von Person und Natur; zum anderen fordern die Imperative des freien Marktes, die Natur lediglich als Ressource zu begreifen, die von den moralischen Banden der menschlichen Kultur kategorial getrennt ist. Gemeinschaften, die im Einklang mit der Natur leben („ecological communities"), würden aus dem moralischen Universum der Citizenship ausgeschlossen.

Um zu einem Verständnis von einer Ecological Citizenship zu gelangen, bezieht sich Curtin insbesondere auf Sandels (1982) Verständnis von einer moralischen Gemeinschaft, deren Mitglieder über spezifische Konventionen affektiv miteinander verbunden sind, und erweitert dessen kommunitaristische Ideen um die ökologische Dimension, wodurch die Verantwortung über die Mitglieder einer nationalen Gemeinschaft hinaus ausgedehnt wird. Es geht hier nicht mehr nur um die klassische Vorstellung davon, dass der Mensch schlicht über die Nutzung natürlicher Ressourcen entscheidet und Verantwortung für jenen Ort übernimmt, an dem er lebt, sondern um ein tieferes Verständnis von einer gemeinsamen moralischen Gemeinschaft: „There is nothing odd at all, then, in saying that ecological citizenship is, and should emerge as a way of functioning in a new *intentional community*" (Curtin 2002, 301; vgl. Abram 1996).

In der Debatte um eine ökologische oder Umweltbürgerschaft lassen sich viele unterschiedliche Stränge identifizieren. Weder ist deren Verhältnis zum klassischen Konzept der Citizenship eindeutig, noch lässt sich ein einheitlicher Bezug auf die sozialphilosophischen Traditionen von Liberalismus und Republikanismus, bzw. Kommunitarismus erkennen.

Einen Versuch, die bisher gleichbedeutenden Begriffe der Ecological Citizenship und Environmental Citizenship klarer zu definieren und zugleich das Konzept der ökologischen Bürgerschaft konzeptionell zu präzisieren, hat jüngst Dobson (2003) vorgelegt: *Environmental Citizenship* zielt danach darauf ab, das Verhältnis zwischen Umwelt und Citizenship im Kontext eines liberalen, auf Rechte abstellenden Verständnisses zu begreifen. *Ecological Citizenship* hingegen „deals in the currency of non-contractual responsibility, it inhabits the private as well as the public sphere, it refers to the source rather than the nature of responsibility to determine what counts as citizenship virtues, it works with the language of virtue, and it is explicitly non-territorial" (Dobson 2003, 89).

Diese Unterscheidung zeigt, dass es nur bei der Idee der Ecological Citizenship darum geht, ein neues Konzept von Bürgerschaft zu entwickeln. Im Mittelpunkt des entwickelten Rahmens einer „postkosmopolitischen" ökologischen Bürgerschaft steht der Begriff der Nachhaltigkeit, und Dobson beansprucht, mit dem

Konzept über die Traditionen von Liberalismus und Republikanismus hinauszugehen und zugleich Schwächen kosmopolitischer Konzeptionen von Bürgerschaft zu überwinden. Diese werden deshalb zurückgewiesen, weil sie eine zu schwache Vorstellung davon entwickeln, wie die Bande einer jenseits des Nationalstaates sich entwickelnden Bürgerschaft und die in ihr bestehenden wechselseitigen Verpflichtungen aussehen sollen. Die Annahme reziproker Beziehungen genügt hier nicht. Die für die Globalisierung typischen Asymmetrien führen vielmehr notwendig zu Formen nicht-reziproker Verpflichtungen. Dobson entwickelt hier die Vorstellung eines globalen Verursacherprinzips, das im Hinblick auf ökologische Gefährdungen nur denjenigen Nationen oder politischen Gebilden Verpflichtungen auferlegt, die über große Distanzen hinweg anderen Schaden zufügen.

Doch nicht nur gängige Vorstellungen einer „kosmopolitischen Bürgerschaft" (vgl. Linklater 2002) stehen der Konzeption einer Ecological Citizenship im Wege. Dobson argumentiert damit gegen eine ganze Reihe zentraler Vorstellungen von Liberalismus und Republikanismus: So weist er im Hinblick auf die Ökologieproblematik die auch in diesen beiden Traditionen herrschenden Vorstellungen von Reziprozität zurück; von republikanischen und kosmopolitischen Vorstellungen weicht er insofern ab, als er Gerechtigkeit als die zentrale Pflicht des Konzepts der Ecological Citizenship bestimmt, und er kritisiert ferner die fehlende Vorstellung von Verpflichtungen in der liberalen Tradition. Im Gegensatz zur Vorstellung, dass Citizenship nur in der öffentlichen Sphäre relevant sei, behauptet er, dass sein Konzept sowohl für die Sphäre des Privaten wie auch für die des Öffentlichen von Bedeutung sei und versucht so, die Differenz zwischen einem liberalen und einem republikanischen Verständnis von Citizenship zu überwinden; und schließlich ist die im Rahmen der Ecological Citizenship entstehende Gemeinschaft eine Gemeinschaft jenseits nationaler Grenzen (vgl. Dobson 2003, 209f.).

Mit diesem Konzept einer ökologischen Bürgerschaft, wie auch mit anderen Vorstellungen einer Global Citizenship gehen hohe Ansprüche einher. Die Bedrohung durch Umweltgefährdungen oder -katastrophen fordert geradezu, dass es das Modell die Grenzen des Nationalstaates hinter sich lässt. Doch es wird zugleich ersichtlich, dass es hier vor allem um normative Konzeptionen geht, mit denen die Hoffnung zum Ausdruck gebracht wird, dass die Menschheit angesichts der Gefährdungen ihrer Lebensgrundlagen zu einem neuen und verantwortlichen Umgang mit natürlichen Ressourcen gelangt.

5.4 Unterschiedliche Dynamiken: Staatsbürgerschaft und Citizenship Studies

Was lässt sich vor dem Hintergrund der knappen Diskussion ausgewählter Debatten der Citizenship Studies über deren Verhältnis zu einer Soziologie der Staatsbürgerschaft sagen? Aus soziologischer Perspektive vollziehen Citizenship Studies einen radikalen Bruch mit der Logik moderner Staatsbürgerschaft. Es geht im Kontext der Citizenship Studies nicht mehr darum, dass Bürger oder gesellschaftliche Gruppen das Recht auf Partizipation an der Gesellschaft einklagen und damit Anrechte geltend machen, sie richten ihre Forderungen vielmehr auf die Seite der Ansprüche. Ihre Vertreter gehen davon aus, dass sich Gleichheit im Rahmen der klassischen Citizenship nicht vollständig verwirklichen lässt; sie gehen davon aus, dass sich immer radikalere Forderungen politisch auszahlen; sie konzentrieren sich auf jene Ungleichheiten, die den Kern der Sozialstruktur darstellen und stellen die Legitimität einer Statushierarchie oder sozialer Schichtung in Frage.

Vor einer derartigen Entwicklung hat bereits Dahrendorf vor über dreißig Jahren gewarnt: „Die Dynamik von Citizenship könnte am Ende jenes Gleichgewicht von Gleichheit und Freiheit zerstören, für dessen Schaffung sie so einzigartig geeignet schien" (Dahrendorf 2000, 133), denn die immer weiter vorangetrieben Durchsetzung von Rechtsansprüchen, so war in Kapitel 3.1 deutlich geworden, führt letztlich dazu, die Dynamik der Staatsbürgerschaft zu zerstören.

Vertreter der Citizenship Studies, und insbesondere ihrer kulturalistischen Variante, fordern nicht nur besondere Rechte für Gruppen, die eine bestimmte, schützenswerte Identität behaupten, sie fordern ebenso, dass die Inanspruchnahme der klassischen Bürgerrechte auf der Grundlage askriptiver Kriterien reorganisiert werden soll. Ein Zugang zu Staatsbürgerrechten auf der Grundlage askriptiver Kriterien löst aber tendenziell die der Staatsbürgerschaft zugrunde liegenden und sie charakterisierenden Spannungsverhältnisse von Status und Praxis, formaler Gleichheit und realer Ungleichheit, Universalismus und Partikularismus sowie Inklusion und Exklusion auf.

Citizenship Studies sind ihrem Selbstverständnis nach auf Praxis gerichtet, und nicht auf einen allgemeinen Status; es geht um die Durchsetzung von Ansprüchen, und nicht um Anrechte oder um die prinzipielle Chance auf Partizipation an einer Gesellschaft; es geht per definitionem um die Durchsetzung partikularistischer Lebensentwürfe, und nicht mehr um den Versuch, eine universalistische Grundlage zu schaffen, die allen, und nicht nur den Mitgliedern der eigenen kulturellen Gruppe, das Mitmachen ermöglicht; und es geht letztlich um die Vorstellung, jegliche Exklusion zu beseitigen. Aufgegeben wird damit die Einsicht, dass ohne ein unvermeidbares Zusammenspiel von Inklusion und Exklusion keine Gesellschaft dazu in der Lage ist, Zugehörigkeit zu regeln.

Wenn die Behauptung richtig ist, dass wir es bei den Citizenship Studies, und insbesondere ihrem kulturalistischen Strang, mit einer Vielzahl von Debatten zu tun haben, die im Kern nicht mehr mit den Annahmen moderner Staatsbürgerschaft konform gehen, dann hängt die Überzeugungskraft solch neuer Entwürfe unweigerlich davon ab, inwiefern es gelingt, die unbezweifelbaren Stärken des nationalen Modells zu bewahren und darüber hinausgehen zu können. Doch hier bleiben die vorgeschlagenen Modelle die Antwort schuldig: Es ist unklar, worin die Dynamik der Modelle beruht; was an die Stelle des Verhältnisses von Anrechten und Ansprüchen tritt; ob auf die Seite der Anrechte verzichtet wird oder ob davon ausgegangen wird, dass Ansprüche tatsächlich vollständig durchsetzbar sind. Es bleibt offen, ob es in einer Gesellschaft, deren System der Citizenship auf der Grundlage partikularistischer Forderungen reorganisiert wird, noch eine Vorstellung von Chancengleichheit gibt und wie zwangsläufig entstehende Ungleichheiten legitimiert werden. Können beispielsweise Menschenrechte überhaupt zu Arenen (welt-)gesellschaftlicher Auseinandersetzungen werden? Und gegen welche Institutionen können tatsächlich Ansprüche erhoben und Rechte eingeklagt werden? Geht man von der Struktur und Funktionsweise der Citizenship aus, so sind das nur einige der naheliegenden Fragen; es drängt sich ferner der Eindruck auf, dass viele der im Rahmen der Citizenship Studies entwickelten Modelle soziologisch unterkomplex sind, allein auf der normativen Ebene verbleiben und schlicht Wünschenswertes propagieren. Trifft diese Einschätzung zu, so scheint zumindest fraglich zu sein, ob derartige Entwürfe auf die Herausforderungen, vor denen westliche liberal-demokratische Gesellschaften gegenwärtig stehen, tatsächlich Antworten geben können.

6 Ausblick

Staatsbürgerschaft ist ein schwieriges Konzept. Ihrer offensichtliche Selbstverständlichkeit, mit der sie in modernen demokratischen Gesellschaften hingenommen und praktiziert wird, stehen in soziologischer Perspektive eine Vielzahl offener Fragen entgegen.

Die Rekonstruktion des klassischen Modells der Staatsbürgerschaft hat deutlich gemacht, dass Citizenship ein ganz entscheidendes Instrument der Sozialintegration moderner Gesellschaften ist. Über die konstitutiven Spannungsverhältnisse von formaler Gleichheit und realer Ungleichheit, Status und Praxis, Universalismus und Partikularismus sowie Inklusion und Exklusion wurde auf historisch und national unterschiedliche Weise und in je spezifischer Ausprägung ein Modell von Mitgliedschaft, Zugehörigkeit und Partizipation institutionalisiert, das individuelle Freiheit, formale Gleichheit und Gerechtigkeit verankert.

Ohne Zweifel sind diese Modelle – die je spezifischen Citizenship-Regimes – Ausdruck einer historischen Epoche und herrschender Kräfteverhältnisse zwischen sozialen Akteuren, Gruppen und Klassen. Die Umbrüche der vergangenen Jahrzehnte werden das nationale Modell der Citizenship verändern – die Zukunft der Citizenship ist mit dem Schicksal des Nationalstaates verbunden, mit der Entwicklung supranationaler Modelle von Mitgliedschaft und Zugehörigkeit und ihrem jeweiligen Verhältnis zur nationalen Ebene und ebenso mit der Entwicklung eines global verbindlichen Korpus von Menschenrechten, die dann auch einklagbar und durchsetzbar sind. Das Ende der Staatsbürgerschaft lässt sich aus all dem nicht ableiten.

Während diese supranationalen Entwicklungen und ihre behaupteten Effekte auf das nationale Modell der Staatsbürgerschaft also mit Vorsicht zu genießen sind, so gilt das nicht weniger für die sich vor allem als politische Strategie verstehenden Citizenship Studies, vor allem für ihren kulturalistischen Strang, der das nationale Modell ad acta gelegt hat. Für das Konzept der Citizenship lassen sich aus diesen Entwicklungen zwei Tendenzen erkennen: es geht einerseits um die Universalisierung des Konzepts, andererseits um seine Partikularisierung.

Die *Universalisierung von Citizenship* tritt in unterschiedlichen Kontexten auf: Zum einen plädiert der neoliberale Diskurs dafür, den national beschränkten Staatsbürger durch den globalen Marktbürger zu ersetzen. Da der Markt den Staat längst auf den Kommandohöhen der Weltwirtschaft abgelöst habe, die Kreditkarte wichtiger sei als der Pass und der ganze Planet ein einziger Markt, entscheide über Wohl und Wehe des Einzelnen, dass er auf diesen Märkten teilnehme und am globalen Austausch partizipiere. Die Vorstellung einer Durchsetzung der Menschenrechte rückt im Gegensatz dazu den Menschen in den Mittelpunkt. Nicht mehr der Nationalstaat sei die Quelle der Legitimation individueller Rechte, sondern das auf internationaler Ebene verankerte Regime der Menschenrechte, das den Nationalstaat zwinge, die für seine Bürger exklusiv gehaltenen Rechte auch den innerhalb seines Territoriums lebenden Nicht-Bürgern zu gewähren. Der Mensch tritt so an die Stelle des Bürgers, womit die in der Französischen Revolution eingeführte Differenz zwischen ihnen zurückgenommen und illegitime Exklusion verhindert werden soll. Die EU-Bürgerschaft tritt als rechtlich kodifiziertes Modell einer supranationalen Bürgerschaft neben die nationale Staatsbürgerschaft und ergänzt diese. Und schließlich entwickeln unterschiedliche Ansätze, die zumeist in spezifischer Weise an kommunitaristische Vorstellungen anknüpfen und die republikanische Idee des verantwortlichen Bürgers propagieren, Konzeptionen des globalen Bürgers, wahlweise in kosmopolitischer oder ökologischer Form etc. Diese Konzeptionen sind normativer Art, und sie entwickeln Vorstellungen davon, was im Zeitalter der Globalisierung im Hinblick auf all jene Phänomene und Probleme, die nicht mehr von einem Staat alleine gelöst werden können, ein verantwortliches Verhalten des Bürgers, etwa im Sinne politischer Partizipation oder ökologischer Politik sein könnte.

Die *Partikularisierung von Citizenship* kommt in zwei Strategien zum Ausdruck: Es geht einerseits darum, durch Gruppenrechte neue Rechte zu verankern, die eine angeblich nicht mehr genügende Vorstellung von Citizenship erweitern, kulturellen Gruppen Inklusion ermöglichen und die Anerkennung ihrer je spezifischen Identitäten sichern; andererseits geht es dabei aber auch nicht selten um die Modifikation klassischer Bürgerrechte auf der Grundlage der Geltendmachung spezifischer Identitäten. Damit werden askriptive Merkmale von Individuen zum Hebel, um ethnische oder kulturelle Gruppen mit politischer Macht auszustatten oder um spezifische bürgerliche Rechte auf der Grundlage des Kriteriums einer Gruppenzugehörigkeit durchzusetzen.

Spätestens durch sehr weit gefasste Definitionen gesellschaftlicher Gruppen, die legitimerweise Ansprüche auf Sonderrechte geltend machen dürfen, wird das Problem deutlich: „[Women], blacks, Native Americans, old people, poor people, disabled people, gay men and lesbians, Spanish-speaking Americans, young people, and nonprofessional workers" (Young 1989, 265) – das ist die beeindruckend lange Liste der Gruppen, die sich berechtigte Hoffnungen machen können. Übrig bleiben hier nur weiße Männer mittleren Alters, mit hohem Bildungsgrad, gesicherter Berufsposition und überdurchschnittlich hohem Einkommen als Gruppe ohne Sonderrechte. Die Idee von Gruppenrechten, die das Verhältnis zwischen einer spezifischen Gruppe und einer Mehrheitsgesellschaft regeln und den „falschen" oder „ungenügenden" Universalismus von Citizenship korrigieren soll, wird so ad absurdum geführt – Staatsbürgerschaft droht zu einem beliebigen Sammelsurium von Gruppenrechten zu werden. Ein Gesamtkonzept von Staatsbürgerschaft als eigentlicher Bezugspunkt scheint hier gar nicht mehr in Betracht gezogen zu werden. Und ein weiteres Problem wird deutlich, denn denkt man Youngs Logik zu Ende, so zeigt sich, dass die Balkanisierung eines einheitlichen Status von Citizenship endlos ist. Welche Rechte etwa haben afro-asiatische, allein erziehende Frauen, die körperbehindert sind und über ein äußerst geringes Einkommen verfügen?

Versuche der Universalisierung wie der Partikularisierung rufen zwar in Erinnerung, dass Citizenship als historisch spezifisches Konzept keine statische, ein für allemal gegebene Institution darstellt, sondern immer wieder Veränderungen erfährt und überdies auch ein immer wieder umkämpftes Konzept ist. Ein zentrales Problem beider Strategien ist jedoch, dass nicht nur das klassische Konzept der Citizenship verabschiedet wird, sondern auch dem Nationalstaat mit Skepsis begegnet wird. In dem Maße, in dem so aber das im Konzept der Citizenship institutionalisierte Verhältnis von Bürger und Staat aus dem Blick gerät, werden entscheidende Entwicklungen der vergangenen Jahre systematisch ausgeblendet, die für ein Verständnis von Citizenship in den kommenden Jahren entscheidend sein werden.

Es geht zum einen darum, das die seit Thomas Hobbes grundlegende Aufgabe des Staates, nämlich der Schutz der eigenen Bevölkerung gegen Angriffe von außen und auch die Sicherheit im Innern des staatlichen Territoriums angesichts der Gefahren des globalen Terrorismus auf lange Zeit das Verhältnis von Bürger und Staat, und damit unser Verständnis von Citizenship prägen werden: „Everyone, especially in a world beset by terrorism, increasingly demands security. Who but the state and its agencies can provide it?" (Stråth und Skinner 2003, 1). Entgegen der Abgesänge auf den Nationalstaat beobachten wir angesichts neuer und unerwarteter Gefahren die „Rückkehr des Staates" (Hall 2005) und damit eine erneute Stärkung der klassischen Vorstellung von Staatsbürgerschaft. So hebt auch Béland (2005, 25) hervor: „The terrorist attacks of September 11, 2001, have increased the general concerns regarding the protective duties of the modern state as they exacerbate the tension between the respect of individual rights and the imperative of national security." Damit wird der Staat erneut zur zentralen Institution, die alleine, oder auch in Zusammenarbeit mit anderen Staaten, dazu in der Lage ist, Schutz und Sicherheit in gewissem Maße zugarantieren. Zugleich hat diese Funktion aber auch unerwünschte Folgeeffekte, denn es geht in dieser veränderten Situation zum anderen darum, dass weder Universalisierungs- noch Partikularisierungsstrategien in Betracht ziehen, dass auch das über bürgerliche Freiheitsrechte verankerte Verhältnis von Bürger und Staat revidierbar ist, und dies nicht nur im Hinblick auf die wohlfahrtsstaatliche Umverteilungspolitik. Bürgerliche Freiheitsrechte bewahren den Bürger vor der arbiträren Gewalt des Nationalstaates, und es ist ein Alarmsignal, wenn im Namen des Schutzes der eigenen Bevölkerung demokratische Regierungen die Bürgerrechte einschränken. Der Schutz der Privatsphäre der Bürger war selten so bedroht wie gegenwärtig; der Kampf gegen den Terrorismus dient zur Begründung, immer weiter in diese Sphäre einzudringen, und die Fähigkeiten des Nationalstaates zur Überwachung seiner Bevölkerung (Giddens 1985) steigen mit neuen technologischen Entwicklungen.

Die Bedrohung der Freiheitsrechte hat Sassen (2005) in den Kontext des Verhältnisses von Globalisierung und liberalem Staat gerückt. Die Anfänge der beobachtbaren Machtverschiebungen diskutiert Sassen am Beispiel der Vereinigten Staaten, und sie führt sie auf die Deregulierungs- und Privatisierungspolitik des US-amerikanischen Staates in den 1970er und 1980er Jahren zurück, die zu einer beträchtlichen Vermehrung der Staatsbürokratien geführt habe. Der Einsatz des Staates zu Deregulierungszwecken habe zu einer Kompetenzverschiebung zu Gunsten der Exekutive geführt. Als prinzipielle Tendenz in liberalen Demokratien sei ein enormer Machtzuwachs der Exekutive zu verzeichnen, der etwa in den Vereinigten Staaten nicht nur das System der *checks and balances*, sondern auch das Recht der Bürger und Bürgerinnen auf ihre Privatsphäre aushebelt.

Die Verschiebung von Machtbefugnissen vom Kongress zum Präsidenten – eine interne Machtumverteilungen im Innern des Staates – setzt sich im Zuge der im „Krieg gegen den Terror" getroffenen Maßnahmen fort: „Mit dem Patriot Act und weiteren Initiativen hat die Regierung die amtliche Überwachung der Gespräche zwischen Anwälten und ihren Mandanten autorisiert, ferner weitreichende geheime Durchsuchungs- und Abhörmaßnahmen, die Sammlung von Internet und E-Mail-bezogenen Daten, die Ausspähung von Gottesdiensten und politischen Versammlungen sowie die Sammlung von Bibliotheks- und sonstigen kommerziellen Unterlagen. Entscheidend ist dabei, dass dies alles ohne hinreichenden Verdachtsgrund gegen die ausgeforschten Personen erfolgen kann" (ebd., 418f.). Zunehmende Geheimhaltung auf Seiten des Staates korrespondiert hier mit einer fortschreitenden Erosion der Privatsphäre des Bürgers.

Ganz ähnlich, wie wir die Auswüchse eines alternativlos gewordenen kapitalistischen Wirtschaftssystems beobachten können, tendiert offensichtlich auch eine politische Demokratie, die sich nicht mehr als bessere Alternative gegen ein konkurrierendes Gesellschaftsmodell behaupten muss, dazu, ihre eigenen normativen Vorstellungen zu untergraben und historische Errungenschaften zu beschneiden. Es wäre zu wünschen, dass eine neue Welle der Auseinandersetzung um Citizenship, und eine neue Form der Citizenship Studies sich mit ähnlicher Vehemenz mit der Bedrohung der bürgerlichen Freiheitsrechte und der systematischen Beschneidung politischer Partizipation auseinandersetzte, wie wir dies gegenwärtig im Kontext von Universalisierungs- und Partikularisierungsstrategien von Citizenship beobachten können. Wer wann, unter welchen Bedingungen und in welchem Ausmaße in den Genuss bürgerlicher Freiheitsrechte kommt, am politischen System partizipieren kann und ein bestimmtes Maß sozialer Sicherheit erfährt – das sind noch immer die entscheidenden Fragen. All diese, allzu oft als gegeben betrachteten Rechte sind nicht unumkehrbar, sie sind umkämpft und in Gefahr – gerade auch im Zeitalter der Globalisierung und politisch korrekter kulturalistischer Identitätspolitiken.

Literatur

Abram, David 1996. The Spell of the Sensuous. New York: Pantheon Books.
Achermann, Christin und Stefanie Gass 2003. Staatsbürgerschaft und soziale Schließung. Eine rechtsethnologische Sicht auf die Einbürgerungspraxis der Stadt Basel. Zürich: Seismo.
Albrow, Martin 1996. The Global Age: State and Society beyond Modernity. Oxford: Polity Press.
Amato de, Gianni, 2002. Vom Ausländer zum Bürger. Der Streit um die politische Integration von Einwanderern in Deutschland, Frankreich und der Schweiz. Münster/Hamburg/London: LIT Verlag.
Anderson, Benedict 1991. Imagined Communities: Reflections on the Origin and Spread of Nationalism. London: Verso.
Andrews, Geoff (Hrsg.) 1991. Citizenship. London: Lawrence and Wishart.
Archibugi, Daniele und David Held (Hrsg.) 1995. Cosmopolitan Democracy. An Agenda for a New World Order. Cambridge: Polity Press.
Aristoteles 1990. Politik. Hamburg: Felix Meiner Verlag.
Aron, Raymond 1974. Is Multinational Citizenship Possible?, in: Social Research 41, 638–656.
Baer, Susanne 1997. Geschlecht und Nation. Perspektiven feministischer Ansätze in der Rechtswissenschaft zu Fragen der Staatsangehörigkeit, in: Die Philosophin. Forum für feministische Theorie und Philosophie 8, 75–98.
Barbalet, Jack M. 1988. Citizenship. Rights, Struggle and Class Inequality. Milton Keynes: Open University Press.
Barber, Benjamin 1994. Starke Demokratie. Über die Teilhabe am Politischen. Hamburg: Rotbuch Verlag.
Bartelson, Jens 1995. A Genealogy of Sovereignty. Cambridge: Cambridge University Press.
Bauböck, Rainer 1994a. Changing Boundaries of Citizenship. The Inclusion of Immigrants in Democratic Polities, in: Ders. (Hrsg.), From Aliens to Citizens. Redefinig the Status of Immigrants in Europe. Aldershot u.a.: Avebury, 199–232.
Bauböck, Rainer (Hrsg.) 1994. From Aliens to Citizens. Redefinig the Status of Immigrants in Europe. Aldershot u.a.: Avebury.
Beck, Ulrich 1986. Risikogesellschaft. Auf dem Weg in eine andere Moderne. Frankfurt a.M.: Suhrkamp.
Béland, Daniel 2005. Insecurity, Citizenship, and Globalization. The Multiple Faces of State Protection, in: Sociological Theory 23, 25–41.
Bellah, Robert N., Richard Madsen, William M. Sullivan, Ann Swidler und Steven M. Tipton 1985. Habits of the Heart. Individualism and Commitment in American Life. Berkeley/Los Angeles/London: University of California Press.

Bellah, Robert N. 1994. Are Americans still Citizens?, in: Bryan S. Turner und Peter Hamilton (Hrsg.), Citizenship. Critical Concepts. Vol. 2. London/New York: Routledge, 261–267.
Bellamy, Richard 2000. Citizenship Beyond the Nation State: The Case of Europe, in: Noël O'Sullivan (Hrsg.), Political Theory in Transition. London: Routledge, 91–112.
Bellamy, Richard 2004. Introduction: The Making of Modern Citizenship, in: Richard Bellamy, Dario Castiglione und Emilio Santoro (Hrsg.), Lineages of European Citizenship. Rights, Belonging and Participation in Eleven Nation-States. Houndmills, Basingstoke, Hampshire: Palgrave Macmillan, 1–21.
Bellamy, Richard und Alex Warleigh 2001. Citizenship and Governance in the European Union. London: Continuum.
Bellamy, Richard, Dario Castiglione und Emilio Santoro (Hrsg.) 2004. Lineages of European Citizenship. Rights, Belonging and Participation in Eleven Nation-States. Houndmills/Basingstoke/Hampshire: Palgrave Macmillan.
Bellamy, Richard, Dario Castiglione und Jo Shaw (Hrsg.) 2006. Making European Citizens. Civic Inclusion in a Transnational Context. Houndmills/Basingstoke/Hampshire: Palgrave Macmillan.
Bendix, Reinhard 1960. Social Stratification and the Political Community, in: Archives Européennes de Sociologie 1, 181–210.
Bendix, Reinhard 1977. Nation-Building and Citizenship: Studies of our Changing Social Order. Berkeley: University of California Press.
Bendix, Reinhard 1980. Könige oder Volk. Machtausübung und Herrschaftsmandat. 2 Bände. Frankfurt a.M.: Suhrkamp.
Benhabib, Seyla 1993. Demokratie und Differenz. Betrachtungen über Rationalität, Demokratie und Differenz, in: Micha Brumlik und Hauke Brunkhorst (Hrsg.), Gemeinschaft und Gerechtigkeit. Frankfurt a.M.: Fischer Taschenbuch Verlag, 97–116.
Bien, Günther 1990. Einleitung. Bemerkungen zum Aristotelischen Politikbegriff und zu den Grundsätzen der Aristotelischen Staatsphilosophie, in: Aristoteles, Politik. Hamburg: Felix Meiner Verlag, XIII-LXI.
Bodin, Jean [1576] 1981. Sechs Bücher über den Staat. I-III. Herausgegeben von Peter C. Mayer-Tasch. München: Beck.
Bodin, Jean [1576] 1986. Sechs Bücher über den Staat. IV-VI. Herausgegeben von Peter C. Mayer-Tasch. München: Beck.
Bös, Mathias 1993. Ethnisierung des Rechts?, in: Kölner Zeitschrift für Soziologie und Sozialpsychologie 45, 619–643.
Bommes, Michael und Jost Halfmann (Hrsg.) 1998. Migration in nationalen Wohlfahrtsstaaten – ein Vergleich. IMIS-Schriften 6. Osnabrück: Universitätsverlag Rasch.
Bottomore, Tom 1981. A Marxist Consideration of Durkheim, in: Social Forces 59, 902–917.
Bottomore, Tom 1992. Citizenship and Social Class, 40 Years on, in: Thomas H. Marshall und Tom Bottomore, Citizenship and Social Class. London/Concord, Mass.: Pluto Press, 55–93.
Bottomore, Tom 1994. Citizenship, in: William Outhwaite, Tom Bottomore, Ernest Gellner, Robert Nisbet und Alain Touraine (Hrsg.), The Blackwell Dictionary of Twentieth-Century Social Thought. Oxford: Blackwell, 75.

Bourdieu, Pierre 1992. Rede und Antwort. Frankfurt a.M.: Suhrkamp.
Bourdieu, Pierre und Jean Claude Passeron 1971. Die Illusion der Chancengleichheit. Untersuchungen zur Soziologie des Bildungswesens am Beispiel Frankreichs. Stuttgart: Klett.
Brinkman, Carl 1968. Citizenship, in: International Encyclopedia of Social Sciences. New York: Macmillan, 471–474.
Brubaker, W. Rogers 1989a. Introduction, in: Ders. (Hrsg.), Immigration and the Politics of Citizenship in Europe and North America. University of America Press, 1–27.
Brubaker, W. Rogers 1989b. Citizenship and Naturalization: Policies and Politics, in: Ders. (Hrsg.), Immigration and the Politics of Citizenship in Europe and North America. University of America Press, 99–127.
Brubaker, W. Rogers 1989c. Membership without Citizenship: The Economic and Social Rights of Noncitizens, in: Ders. (Hrsg.), Immigration and the Politics of Citizenship in Europe and North America. University of America Press, 145–162.
Brubaker, W. Rogers 1989d. Einwanderung und Nationalstaat in Frankreich und Deutschland, in: Der Staat 28, 1–30.
Brubaker, W. Rogers (Hrsg.) 1989. Immigration and the Politics of Citizenship in Europe and North America. University of America Press.
Brubaker, W. Rogers 1994. Staats-Bürger. Deutschland und Frankreich im historischen Vergleich. Hamburg: Junius.
Brunkhorst, Hauke, Wolfgang R. Köhler und Matthias Lutz-Bachmann (Hrsg.) 1998. Recht auf Menschenrechte. Frankfurt a.M.: Suhrkamp.
Bulmer, Martin und Anthony M. Rees 1996. Conclusion: citizenship in the twenty-first century, in: Dies. (Hrsg.), Citizenship Today. The Contemporary Relevance of T.H. Marshall. London: UCL Press, 269–283.
Bundesministerium des Inneren, 2002. Entwurf des Zuwanderungsgesetzes. Berlin (www.bmi.bund.de).
Búrca de, Gráinne 1996. The Quest for Legitimacy in the European Union, in: The Modern Law Review 59, 349–376.
Camilleri, Joseph A. und Jim Falk 1992. The End of Sovereignty? The Politics of a Shrinking and Fragmenting World. Aldershot: Edward Elgar.
Carens, Joseph 1986. Rights and Duties in an Egalitarian Society, in: Political Theory 14, 31–49.
Carens, Joseph 1989. Membership and Morality: Admission to Citizenship in Liberal Democratic States, in: W. Rogers Brubaker (Hrsg.), Immigration and the Politics of Citizenship in Europe and North America. University of America Press, 31–49.
Carens, Joseph 1994. Cultural Adaptation and Integration. Is Quebec a Model for Europe?, in: Rainer Bauböck (Hrsg.), From Aliens to Citizens. Redefinig the Status of Immigrants in Europe. Aldershot u.a.: Avebury, 149–186.
Castles, Stephen, 1990. Sozialwissenschaften und ethnische Minderheiten in Australien, in: Eckhard J. Dittrich und Frank-Olaf Radtke (Hrsg.), Ethnizität. Wissenschaft und Minderheiten. Opladen: Westdeutscher Verlag, 43–71.
Castles, Stephen, 1994. Democracy and Multicultural Citizenship. Australian Debates and their Relevance for Western Europe, in: Rainer Bauböck (Hrsg.), From Aliens to

Citizens. Redefining the Status of Immigrants in Europe. Aldershot u.a.:Avebury, 3–27.
Castles, Stephen und Mark J. Miller 1993. The Age of Migration. International Populations in the Modern World. London: MacMillan Press.
Cerny, Philip G. 1994. The Dynamics of Financial Globalization: Technology, Market Structure, and Policy Responses, in: Policy Sciences 27, 319–342.
Chayes, Abram und Antonia Handler Chayes 1995. The New Sovereignty: Compliance with International Regulatory Agreements. Cambridge: Cambridge University Press.
Closa, Carlos 1992. The Concept of Citizenship in the Treaty on European Union, in: Common Market Law Review 29, 1137–1169.
Closa, Carlos 1995. Citizenship of the Union and Nationality of Member States, in: Common Market Law Review 32, 487–518.
Cockett, Richard 1995. Thinking the Unthinkable: Think-tanks and the Economic Counter-Revolution 1931-1983. London: Harper Collins.
Cohen, Jean L. 1999. Changing Paradigms of Citizenship and the Exclusiveness of the Demos, in: International Sociology 14, 245–268.
Cohen, Jean L. und Andrew Arato 1992. Civil Society and Political Theory. Cambridge, Mass./London, England: The MIT Press.
Cohen, Robin (Hrsg.) 1995. The Cambridge Survey of World Migration. Cambridge: Cambridge University Press.
Cole, David und James X. Dempsey 2002. Terrorism and the Constitution. Sacrificing Civil Liberties in the Name of National Security. New York: The Free Press.
Costa, Pietro 2004. From National to European Citizenship: A Historical Comparison, in: Richard, Dario Castiglione und Emilio Santoro (Hrsg.), Lineages of European Citizenship. Rights, Belonging and Participation in Eleven Nation-States. Houndmills/Basingstoke/Hampshire: Palgrave Macmillan, 207–226.
Cox, Robert Henry 1998. The Consequences of Welfare Reform: How Conceptions of Social Rights are Changing, in: Journal of Social Policy 27, 1–16.
Crouch, Colin 1998. Staatsbürgerschaft und Markt. Das Beispiel der neueren britischen Bildungspolitik, in: Berliner Journal für Soziologie 8, 453–472.
Crouch, Colin 2006. Kommerzialisierung oder Staatsbürgerschaft. Bildungspolitik und Zukunft des öffentlichen Dienstes, in: Jürgen Mackert und Hans-Peter Müller (Hrsg.), Moderne (Staats)Bürgerschaft. Vom klassischen Modell zu Debatten der Citizenship Studies. Wiesbaden: VS (i.V.).
Crouch, Colin, Klaus Eder und Damian Tambini 2001a. Introduction, in: Dies., Citizenship, Markets, and the State. Oxford: Oxford University Press, 1–19.
Crouch, Colin, Klaus Eder und Damian Tambini 2001b. Conclusions: The Future of Citizenship, in: Dies., Citizenship, Markets, and the State. Oxford: Oxford University Press, 261–270.
Curtin, Deane 2002. Ecological Citizenship, in: Engin F. Isin und Bryan S. Turner (Hrsg.), Handbook of Citizenship Studies. London/Thousand Oaks/New Delhi: Sage Publications, 293–304.
Dahrendorf, Ralf 1957. Soziale Klassen und Klassenkonflikt in der industriellen Gesellschaft. Stuttgart. Enke Verlag.

Dahrendorf, Ralf 1987. Soziale Klassen und Klassenkonflikt: ein erledigtes Theoriestück?, in: Bernhard Giesen und Hans Haferkamp (Hrsg.), Soziologie der sozialen Ungleichheit. Opladen: Westdeutscher Verlag, 10–30.

Dahrendorf, Ralf 1992. Der moderne soziale Konflikt. Essay zur Politik der Freiheit. München: Deutscher Taschenbuch Verlag.

Dahrendorf, Ralf 1994. The Changing Quality of Citizenship, in: Bart van Steenbergen (Hrsg.), The Condition of Citizenship. London/Thousand Oaks/New Delhi: Sage Publications, 10–19.

Dahrendorf, Ralf 1995. Über den Bürgerstatus, in: Bert van den Brink und Willem van Reijen (Hrsg.), Bürgergesellschaft, Recht und Demokratie. Frankfurt a.M.: Suhrkamp, 29–43.

Dahrendorf, Ralf [1974] 2000. Zu viel des Guten, in: Jürgen Mackert und Hans-Peter Müller (Hrsg.), Citizenship – Soziologie der Staatsbürgerschaft. Wiesbaden: Westdeutscher Verlag, 133–155.

Dean, Hartley 2001. Green Citizenship, in: Social Policy and Administration 35, 490–505.

Dell'Olio, Fiorella 2005. The Europeanization of Citizenship. Between the Ideology of Nationality, Immigration and European Identity. Aldershot u.a.: Ashgate.

Dietz, Mary 1985. Citizenship with a Feminist Face, in: Political Theory 13, 19–37.

Dietz, Mary 1994. Context is all: Feminism and Theories of Citizenship, in: Bryan S. Turner und Peter Hamilton (Hrsg.), Citizenship. Critical Concepts. Vol. 2. London/New York: Routledge, 443–460.

Dobson, Andrew 2003. Citizenship and the Environment. Oxford: Oxford University Press.

Dreier, Horst 1988. Souveränität, in: Staatslexikon. Recht, Wirtschaft, Gesellschaft. Hrsg. von der Görres Gesellschaft. 7. Auflage, 4. Band. Freiburg/Basel/Wien: Verlag Herder, 1203–1209.

Dummett, Ann, 1994. The Acquisition of British Citizenship. From Imperial Traditions to National Definitions, in: Rainer Bauböck (Hrsg.), From Aliens to Citizens. Redefining the Status of Immigrants in Europe. Aldershot u.a.: Avebury, 75–84.

Durkheim, Emile 1991. Physik der Sitten und des Rechts. Herausgegeben und mit einem Nachwort von Hans-Peter Müller. Frankfurt a.M.: Suhrkamp.

Dworkin, Ronald 1990. Bürgerrechte ernstgenommen. Frankfurt a.M.: Suhrkamp.

Eder, Klaus 1994. Rezension zu Bryan S. Turner (Hrsg.), Citizenship and Social Theory, in: Kölner Zeitschrift für Soziologie und Sozialpsychologie 46, 736–738.

Eder, Klaus und Bernhard Giesen 2001a. Conclusion. Citizenship and the Making of a European Society: From the Political to the Social Integration of Europe, in: Dies. (Hrsg.), European Citizenship between National Legacies and Postnational Projects. Oxford: Oxford University Press, 245–269.

Eder, Klaus und Bernhard Giesen (Hrsg.) 2001. European Citizenship between National Legacies and Postnational Projects. Oxford: Oxford University Press.

Elias, Norbert 1976. Über den Prozeß der Zivilisation II. Frankfurt a.M.: Suhrkamp.

Faist, Thomas 2000. Soziale Bürgerschaft in der Europäischen Union: Verschachtelte Mitgliedschaft, in: Maurizio Bach (Hrsg.), Die Europäisierung nationaler Gesellschaften.

Sonderheft 40 der Kölner Zeitschrift für Soziologie und Sozialpsychologie. Wiesbaden: Westdeutscher Verlag, 229–250.
Falk, Richard 1994. The Making of Global Citizenship, in: Bart van Steenbergen (Hrsg.), The Condition of Citizenship. London/Thousand Oaks/New Delhi: Sage Publications, 127–140.
Feldblum, Miriam 1998. Reconfiguring Citizenship in Western Europe, in: Christian Joppke (Hrsg.), Challenge to the Nation-State. Oxford: Oxford University Press, 231–270.
Ferrera, Maurizio 2005. The Boundaries of Welfare: European Integration and the New Spatial Politics of Social Protection. Oxford u.a.: Oxford University Press.
Fligstein, Neil 2000. Verursacht Globalisierung die Krise des Wohlfahrtstaates?, in: Berliner Journal für Soziologie 10, 349–378.
Forst, Rainer 1993. Kommunitarismus und Liberalismus – Stationen einer Debatte, in: Axel Honneth (Hrsg.), Kommunitarismus. Eine Debatte über die moralischen Grundlagen moderner Gesellschaften. Frankfurt a.M./New York: Campus, 181–219.
Fowler, Michael R. und Julie M. Bunck 1995. Law, Power, and the Sovereign State: The Evolution of the Concept of Sovereignty. University Park: Pennsylvania State University Press.
Fraser, Nancy 1995b. Recognition or Redistribution? A Critical Reading of Iris Young's *Justice and the Politics of Difference*, in: The Journal of Political Philosophy 3, 166–180.
Frede, Dorothea 2001. Staatsverfassung und Staatsbürger (III 1-5), in: Otfried Höffe (Hrsg.), Aristoteles. Politik. Berlin: Akademie Verlag, 75–92.
Friedrichs, Jürgen und Wolfgang Jagodzinsiki 1999. Theorien sozialer Integration, in: Dies. (Hrsg.), Soziale Integration. Sonderheft 39 der Kölner Zeitschrift für Soziologie und Sozialpsychologie. Opladen: Westdeutscher Verlag, 9–43.
Fritzsche, K. Peter 2004. Menschenrechte. Paderborn u.a.: Ferdinand Schöningh UTB.
Gerhard, Ute und Mechtild Jansen (Hrsg.) 1990. Differenz und Gleichheit: Menschenrechte haben (k)ein Geschlecht. Frankfurt a.M.: Helmer.
Giddens, Anthony 1983. Klassenspaltung, Klassenkonflikt und Bürgerrechte. Gesellschaft im Europa der achtziger Jahre, in: Reinhard Kreckel (Hrsg.), Soziale Ungleichheit. Sonderband 2 Soziale Welt. Göttingen: Verlag Otto Schwartz & Co., 15–33.
Giddens, Anthony 1985. The Nation State and Violence. Cambridge: Polity Press.
Giddens, Anthony 1996. T.H. Marshall, The State and Democracy, in: Martin Bulmer und Anthony M. Rees (Hrsg.), Citizenship Today. The Contemporary Relevance of T.H. Marshall. London: UCL Press, 65–80.
Giesen, Bernhard und Klaus Eder 2001. Introduction. European Citizenship: An Avenue for the Social Integration of Europe, in: Klaus Eder und Bernhard Giesen (Hrsg.), European Citizenship between National Legacies and Postnational Projects. Oxford: Oxford University Press, 1–13.
Glazer, Nathan 1983. Ethnic Dilemmas: 1964–1982. Cambridge: Harvard University Press.
Glazer, Nathan 1994. Individual Rights against Group Rights, in: Bryan S. Turner und Peter Hamilton (Hrsg.), Citizenship. Critical Concepts. Vol. 2. London/New York: Routledge, 226–239.

Gosepath, Stephan und Georg Lohmann (Hrsg.) 1999. Philosophie der Menschenrechte. Frankfurt a.M.: Suhrkamp.
Gosewinkel, Dieter 2001. Citizenship, Historical Development of, in: Neil J. Smelser und Paul B. Baltes (Hrsg.), International Encyclopedia of the Social & Behavioral Sciences. Vol. 3. Amsterdam u.a.: Elsevier, 1852–1857.
Grawert, Rolf 1984. Staatsangehörigkeit und Staatsbürgerstatus, in: Der Staat 23, 179–204.
Grawert, Rolf 1987. Der Staatsbürgerstatus, in: Josef Isensee und Paul Kirchhoff (Hrsg.), Handbuch des Staatsrechts der Bundesrepublik. Heidelberg: Müller Juristischer Verlag, 684–689.
Gunsteren, Herman van 1978. Notes on a Theory of Citizenship, in: Pierre Birnbaum, Jack Lively und Geraint Parry (Hrsg.), Democracy, Consensus and Social Contract. Modern Politics Series Vol. 2; London/Beverly Hills. Sage Publications, 9–35.
Gunsteren, Herman van 1994. Four Conceptions of Citizenship, in: Bart van Steenbergen (Hrsg.), The Condition of Citizenship. London/Thousand Oaks/New Delhi: Sage Publications, 36–48.
Guild, Elspeth 2004. The Legal Elements of European Identity. EU Citizenship and Migration Law. The Hague: Kluwer Law International.
Habermas, Jürgen 1992a. Staatsbürgerschaft und nationale Identität, in: Ders., Faktizität und Geltung. Beiträge zur Diskurstheorie des Rechts und des demokratischen Rechtsstaats. Frankfurt a.M.: Suhrkamp, 632–660.
Habermas, Jürgen 1992b. Citizenship and National Identity: Some Reflections on the Future of Europe, in: Praxis International 12, 1–19.
Habermas, Jürgen 1993. Anerkennungskämpfe im demokratischen Rechtsstaat, in: Charles Taylor, Multikulturalismus und die Politik der Anerkennung. Herausgegeben von Amy Gutmann. Frankfurt a.M.: S. Fischer, 147–196.
Habermas, Jürgen 1994. Citizenship and National Identity, in: Bart van Steenbergen (Hrsg.), The Condition of Citizenship. London/Thousand Oaks/New Delhi: Sage, 20–35.
Habermas, Jürgen 1996a. Der europäische Nationalstaat – Zu Vergangenheit und Zukunft von Souveränität und Staatsbürgerschaft, in: Ders., Die Einbeziehung des Anderen. Studien zur politischen Theorie. Frankfurt a.M.: Suhrkamp, 128–153.
Habermas, Jürgen 1996b. Inklusion – Einbeziehen oder Einschließen? Zum Verhältnis von Nation, Rechtsstaat und Demokratie, in: Ders., Die Einbeziehung des Anderen. Studien zur politischen Theorie. Frankfurt a.M.: Suhrkamp, 154–184.
Hailbronner, Kay 1989. Citizenship and Nationhood in Germany, in: W. Rogers Brubaker (Hrsg.), Immigration and the Politics of Citizenship in Europe and North America. University of America Press, 67–79.
Hailbronner, Kay, 2001. Reform des Zuwanderungsrechts. Konsens und Dissens in der Ausländerpolitik (http://www.bundestag.de/cgi-bin/druck.pl?N=parlament).
Hall, John 2005. The Return of the State (http://www.ssrc.org/sept11/essays/hall.htm).
Hall, Rodney B. und Thomas J. Biersteker (Hrsg.) 2002. The Emergence of Private Authority in Global Governance. Cambridge: Cambridge University Press
Hall, Stuart und David Held 1989. Citizens and Citizenship, in: Stuart Hall und Martin Jacques (Hrsg.). New Times: The Changing Face of Politics in the 1990s. London: Lawrence and Wishart, 173–188.

Halsey, Albert H. 1984. T.H. Marshall: Past and Present 1893–1981. President of the British Sociological Association 1964–1969, in: Sociology 18, 1–18.
Hamm, Brigitte 2003. Menschenrechte. Ein Grundlagenbuch. Opladen: Leske + Budrich.
Hammar, Tomas 1989. State, Nation and Dual Citizenship, in: W. Rogers Brubaker (Hrsg.), Immigration and the Politics of Citizenship in Europe and North America. University of America Press, 81–95.
Hammar, Tomas 1990. Democracy and the Nation State. Aliens, Denizens and Citizens in a World of International Migration. Aldershot u.a.: Avebury.
Harvey, David 1992. The Condition of Postmodernity. An Enquiry into the Origins of Cultural Change. Oxford: Blackwell.
Hasenfeld, Yeheskel, Jane Rafferty und Mayer N. Zald 1987. The Welfare State, Citizenship, and Bureaucratic Encounters, in: Annual Review of Sociology 13, 387–415.
Hayek, Friedrich von 1952. Individualismus und wirtschaftliche Ordnung. Erlenbach-Zürich: Rentsch.
Hayek, Friedrich von 1991. Die Verfassung der Freiheit. Tübingen: Mohr.
Hayek, Friedrich von 1994. Der Weg zur Knechtschaft. München: Olzog.
Heater, Derek 1990. Citizenship. The Civic Ideal in World History, Politics and Education. London: Longman.
Heater, Derek 1999. What is Citizenship? Cambridge: Polity Press.
Held, David 1990. Citizenship and Autonomy, in: Ders., Political Theory and the Modern State. Essays on State, Power and Democracy. Cambridge: Polity Press, 189–213.
Held, David 1991. Democracy, the Nation-State and the Global System, in: Ders. (Hrsg.), Political Theory Today. Cambridge: Polity Press, 197–235.
Held, David 1993. Democracy: From City-States to a Cosmopolitan Order?, in: Ders. (Hrsg.), Prospects for Democracy. North, South, East, West. Cambridge: Polity Press, 13–52.
Held, David 1995. Democracy and the Global Order: From the Modern State to the Cosmopolitan Governance. Cambridge: Polity Press.
Held, David, Anthony McGrew, David Goldblatt und Jonathan Perraton (Hrsg.) 1999. Global Transformations. Politics, Economics and Culture. Stanford: Stanford University Press.
Heller, Thomas C. 1997. Modernity, Membership, and Multiculturalism, in: Stanford Humanities Review 5, 2–69.
Hettlage, Robert 1996. Multikulturelle Gesellschaft zwischen Kontakt, Konkurrenz und „accomodation", in: Berliner Journal für Soziologie 6, 163–179.
Hirst, Paul und Grahame Thompson 1995. Globalization and the Future of the Nation State, in: Economy and Society 24, 408–442.
Hirst, Paul und Grahame Thompson 1996. Globalization in Question. The International Economy and the Possibilities of Governance. Cambridge: Polity Press.
Hobbes, Thomas [1651] 1991. Leviathan oder Stoff, Form und Gewalt eines kirchlichen und bürgerlichen Staates. Frankfurt a.M.: Suhrkamp.
Hobsbawm, Eric 1996. Identity Politics and the Left, in: New Left Review 217, 38–47.
Honneth, Axel 1993. Einleitung, in: Ders. (Hrsg.), Kommunitarismus. Eine Debatte über die moralischen Grundlagen moderner Gesellschaften. Frankfurt a.M.: Campus, 7–17.

Höffe, Otfried 1999. Aristoteles. München: Beck.
Hollifield, James. F. 1992. Immigrants, Markets, and States. The Political Economy of Postwar Europe. Cambridge, Mass./London, England: Harvard University Press.
Honneth, Axel 1993. Einleitung, in: Ders. (Hrsg.), Kommunitarismus. Eine Debatte über die moralischen Grundlagen moderner Gesellschaften. Frankfurt a.M./New York: Campus, S. 7-17.
Isin, Engin F. und Patricia K. Wood 1999. Citizenship and Identity. London: Sage Publications.
Isin, Engin F. und Bryan S. Turner 2002. Citizenship Studies: An Introduction, in: Dies. (Hrsg.), Handbook of Citizenship Studies. London/Thousand Oaks/New Delhi: Sage Publications, 1-10.
Jacobson, David 1996. Rights Across Borders: Immigration and the Decline of Citizenship. Baltimore: Johns Hopkins University Press.
Janoski, Thomas 1998. Citizenship and Civil Society. A Framework of Rights and Obligations in Liberal, Traditional, and Social Democratic Regimes. Cambridge: Cambridge University Press.
Janowitz, Morris 1980. Observations on the Sociology of Citizenship: Obligations and Rights, in: Social Forces 59, 1-24.
Jenson, Jane 1996. "Re-Institutionalising Citizenship. Class, Gender and Equality in Fordism and Post-Fordism". Paper presented at the Conference "The World Economy and the Nation State between Globalization and Regionalization", 28./29. Juni, Frankfurt am Main.
Jenson, Jane und Susan D. Phillips 1996. Staatsbürgerschaftsregime im Wandel – oder: Die Gleichberechtigung wird zu Markte getragen. Das Beispiel Kanada, in: Prokla. Zeitschrift für kritische Sozialwissenschaft 26, 515-542.
Jessop, Bob 1994. Veränderte Staatlichkeit, in: Dieter Grimm (Hrsg.), Staatsaufgaben. Baden-Baden: Nomos Verlagsgesellschaft, 43-73.
Joppke, Christian 1996. Multiculturalism and Immigration: A Comparison of the United States, Germany, and Great Britain, in: Theory and Society 25, 449-500.
Joppke, Christian 1999. Einwanderung und Staatsbürgerschaft in den USA und Deutschland, in: Kölner Zeitschrift für Soziologie und Sozialpsychologie 51, 34-54.
Joppke, Christian 2002. Multicultural Citizenship, in: Engin F. Isin und Bryan S. Turner (Hrsg.), Handbook of Citizenship Studies. London/Thousand Oaks/New Delhi: Sage Publications, 245-258.
Joppke, Christian (Hrsg.) 1998. Challenge to the Nation-State. Oxford: Oxford University Press.
Joseph, Suad 1997. The public/private – The Imagined Boundary in the Imagined Nation/State/Community: The Lebanese Case, in: Feminist Review 57, 73-92.
Kaschuba, Wolfgang 1994. Kulturalismus: Vom Verschwinden des Sozialen im gesellschaftlichen Diskurs, in: Berliner Journal für Soziologie 4, 179-192.
Kennedy, Paul 1996. In Vorbereitung auf das 21. Jahrhundert. Frankfurt a.M.: Fischer Taschenbuch Verlag.
Keynes, John Maynard 1936. The General Theory of Employment, Interest and Money. New York: Harcourt, Brace and Co.

King, Desmond S. und Jeremy Waldron 1988. Citizenship, Social Citizenship and the Defence of Welfare Provision, in: British Journal of Political Science 18, 415–443.
Kleger, Heinz und Gianni D'Amato 1995. Staatsbürgerschaft und Einbürgerung – oder: Wer ist ein Bürger? Ein Vergleich zwischen Deutschland, Frankreich und der Schweiz, in: Journal für Sozialforschung 35, 259–281.
Krasner, Stephen D. 1999. Sovereignty. Organized Hypocrisy. Princeton: Princeton University Press.
Kukathas, Chandran 1992. Are there any Cultural Rights?, in: Political Theory 20, 105–139.
Kymlicka, Will 1989. Liberalism, Community, and Culture. Oxford: Oxford University Press.
Kymlicka, Will 1995a. Multicultural Citizenship. A Liberal Theory of Minority Rights. Oxford: Clarendon Press.
Kymlicka, Will 1998. Finding Our Way. Rethinking Ethnocultural Relations in Canada. Toronto: Oxford University Press.
Kymlicka, Will 2000. Politics in the Vernacular. Nationalism, Mutliculturalism, Citizenship. Oxford: Oxford University Press.
Kymlicka, Will 2006. Die neue Debatte um Minderheitenrechte, in: Jürgen Mackert und Hans-Peter Müller (Hrsg.), Moderne (Staats)Bürgerschaft. Vom klassischen Modell zu Debatten der Citizenship Studies. Wiesbaden: VS (i.V.).
Kymlicka, Will und Wayne Norman 1994. Return of the Citizen: A Survey of Recent Work on Citizenship Theory, in: Ethics 104, 352–381.
Kymlicka, Will (Hrsg.) 1995b. The Rights of Minority Cultures. Oxford University Press
Kymlicka, Will und Wayne Norman (Hrsg.) 2000.Citizenship in Diverse Societies. Oxford: Oxford University Press.
Kymlicka, Will und Magda Opalski (Hrsg.) 2001. Can Liberal Pluralism be Exported? Oxford: Oxford University Press.
Larmore, Charles 1993. Politischer Liberalismus, in: Axel Honneth (Hrsg.), Kommunitarismus. Eine Debatte über die moralischen Grundlagen moderner Gesellschaften. Frankfurt a.M./New York: Campus, 131–156.
Layton-Henry, Zig (Hrsg.) 1990. The Political Rights of Migrant Workers in Western Europe. London/Newbury Park/New Delhi: Sage, 1-26.
Leca, Jean 1992. Questions on Citizenship, in: Chantal Mouffe (Hrsg.), Dimensions of Radical Democracy. Pluralism, Citizenship, Community. London/New York: Verso, 17–32.
Linklater, Andrew 2002. Cosmopolitan Citizenship, in: Engin F. Isin und Bryan S. Turner (Hrsg.), Handbook of Citizenship Studies. London/Thousand Oaks/New Delhi: Sage, 317–332.
Lipset, Seymour Martin 1960: Political Man. The Social Bases of Politics. Garden City, New York: Doubleday & Company, Inc.
Lister, Ruth 1990. Women, Economic Dependency and Citizenship, in: Journal of Social Policy 19, 445–467.
Lister, Ruth 1993. Tracing the Contours of Women's Citizenshsip, in: Policy and Politics 21, 3–16.

Lister, Ruth 1995. Problems in Egendering Citizenship, in: Economy and Society 24, 1–40.
Lister, Ruth 1998. Citizenship and Difference. Towards a Differentiated Universalism, in: European Journal of Social Theory 1, 71–90.
Lister, Ruth 2002. Sexual Citizenship, in: Engin F. Isin und Bryan S. Turner (Hrsg.), Handbook of Citizenship Studies. London/Thousand Oaks/New Delhi: Sage Publications, 191–207.
Locke, John [1689] 1992. Zwei Abhandlungen über die Regierung. 5. Auflage. Frankfurt a.M.: Suhrkamp.
Lockwood, David 1974. For T.H. Marshall, in: Sociology 8, 363–367.
Lockwood, David 1992. Solidarity and Schism. 'The Problem of Disorder' in Durkheimian and Marxian Sociology. Oxford: Clarendon Press.
Lockwood, David 1996. Civic Integration and Class Formation, in: British Journal of Sociology 47, 531–550.
Lockwood, David 2000. Staatsbürgerliche Integration und Klassenbildung, in: Jürgen Mackert und Hans-Peter Müller (Hrsg.), Citizenship – Soziologie der Staatsbürgerschaft. Wiesbaden: Westdeutscher Verlag, 157–180.
Luhmann, Niklas 1994. Inklusion und Exklusion, in: Helmut Berding, H. (Hrsg.), Nationales Bewußtsein und kollektive Identität. Studien zur Entwicklung des kollektiven Bewußtseins in der Neuzeit 2. Frankfurt a.M.: Suhrkamp, 15–45.
Lukes, Steven 2006. Die Politik gleicher Würde und die Politik der Anerkennung, in: Jürgen Mackert und Hans-Peter Müller (Hrsg.), Moderne (Staats)Bürgerschaft. Vom klassischen Modell zu Debatten der Citizenship Studies. Wiesbaden: VS (i.V.).
Lutz, Burkhart 1984. Der kurze Traum immerwährender Prosperität. Frankfurt a.M./New York: Campus.
Lyons, Gene M. und Michael Mastanduno (Hrsg.) 1995. Beyond Westphalia? State Sovereignty and International Intervention. Baltimore: Johns Hopkins University Press.
MacCormick, Neil 2001. Questioning Sovereignty. Law, State, and Nation in the European Commonwealth. Oxford: Oxford University Press.
Mackert, Jürgen 1996. Review-Essay: Citizenship und Immigration: Heterogenisierung des Nationalstaates und neue Formen der Zugehörigkeit. Neuere Beiträge zur Diskussion um Staatsbürgerschaft, in: Berliner Journal für Soziologie 6, 261–275.
Mackert, Jürgen 1999. Kampf um Zugehörigkeit. Nationale Staatsbürgerschaft als Modus sozialer Schließung. Opladen: Westdeutscher Verlag.
Mackert, Jürgen 2004. Die Steuerung staatlicher Inklusion: Staatsbürgerschaftsregime im Vergleich, in: Uwe Schimank und Stefan Lange (Hrsg.), Governance und gesellschaftliche Integration. Wiesbaden: VS, 111–127.
Mancini, Frederico 1989. The Making of a Constitution for Europe, in: Common Market Law Review 26, 595–614.
Mann, Michael 1987. Ruling Class Strategies and Citizenship, in: Sociology 21, 339–354.
Mann, Michael 1993. Nation-States in Europe and Other Continents: Diversifying, Developing, Not Dying, in: Daedalus. Journal of the American Academy of Arts and Sciences 123, 115–140.

Mann, Michael 1997. Hat die Globalisierung den Siegeszug des Nationalstaats beendet?, in: Prokla. Zeitschrift für kritische Sozialwissenschaft 27, 113–141.
Mann, Michael 2000. Eliminatorische ethnische Säuberungen: Eine makrosoziologische Erklärung, in: Berliner Journal für Soziologie 10, 241–277.
Marks, Gary 1997. A Third Lens: Comparing European Integration and State Buildung, in: Jytte Klausen und Louise Tilly (Hrsg.), European Integration in Social and Historical Perspective. From 1850 to the Present. Lanham: Rowman & Littlefield, 23–43.
Marquand, David 1991. Civic Republicans and Liberal Individualists: The Case of Britain, in: Archives Européennes de Sociologie XXXII, 329–344.
Marshall, Alfred 1949. Prospects of Labour, in: Economics.
Marshall, Thomas H. 1950. Citizenship and Social Class. Cambridge: Cambridge University Press.
Marshall, Thomas H. 1963. Sociology at the Crossroads and other Essays. London u.a. Heinemann.
Marshall, Thomas H. 1992a. Staatsbürgerrechte und soziale Klassen, in: Ders., Bürgerrechte und soziale Klassen. Zur Soziologie des Wohlfahrtsstaates. Frankfurt a.M./New York: Campus, 33-94.
Marshall, Thomas H. 1992b. Das Recht auf Wohlfahrt, in: Ders., Bürgerrechte und soziale Klassen. Zur Soziologie des Wohlfahrtsstaates. Frankfurt a.M./New York: Campus, 95–108.
Marshall, Thomas H. 1992c. Nachgedanken zu *Wertprobleme des Wohlfahrtskapitalismus*. Die Bindestrichgesellschaft, in: Ders., Bürgerrechte und soziale Klassen. Zur Soziologie des Wohlfahrtsstaates. Frankfurt a.M./New York: Campus, 131–146.
Marshall, Thomas H. und Tom Bottomore 1992. Citizenship and Social Class. London/ Concord, Mass.: Pluto Press.
Martiniello, Marco 1994. Citizenship of the European Union. A Critical View, in: Rainer Bauböck (Hrsg.), From Aliens to Citizens. Redefinig the Status of Immigrants in Europe. Aldershot u.a.: Avebury, 29–47.
Marx, Karl [1844] 1988. Zur Judenfrage, in: MEW 1. Berlin: Dietz Verlag, 347–377.
Maschke, Michael 2003. Immigrants between Labour Market and Poverty, in: Peter Krause, Gerhard Bäcker und Walter Hanesch (Hrsg.), Combating Poverty in Europe – The German Welfare Regime in Practice. Aldershot u.a.: Ashgate, 223–245.
McDonald, Kevin 1994. Globalisation, Multiculturalism and Rethinking the Social, in: Australian and New Zealand Journal of Sociology 30, 239–247.
McLuhan, Marshall 1964. Understanding Media. London: Routledge.
McLuhan, Marshall 1992. The Global Village: Transformations in World Life and Media in the 21st Century. New York: Oxford University Press.
Meehan, Elizabeth 1991. European Citizenship and Social Policies, in: Ursula Vogel und Michael Moran (Hrsg.), The Frontiers of Citizenship. London: MacMillan, 125–154.
Meehan, Elizabeth 1993a. Citizenship and The European Community. London/Newbury Park/New Delhi: Sage.
Meehan, Elizabeth 1993b. Citizenship and the European Community, in: The Political Quarterly 64, 172–186.

Meier, Christian 1995. Die Entstehung des Politischen bei den Griechen. Frankfurt a.M.: Suhrkamp.
Merton, Robert K. 1968. On Theories of the Middle-Range, in: Ders., Social Theory and Soial Structure. 1968 enlarged edition. New York/London: The Free Press, 39–72.
Mill, John Stuart [1863] 1985. Der Utilitarismus. Stuttgart: Philipp Reclam Jr.
Mill, John Stuart [1859] 1988. Über die Freiheit. Stuttgart: Philipp Reclam Jr.
Mill, John Stuart 1989. On Liberty with the Subjection of Women and Chapters on Socialism. Cambridge Texts in the History of Political Thought. Cambridge: Cambridge University Press.
Miller, David 1995. Citizenship and Pluralism, in: Political Studies XLIII, 432–450.
Miller, Mark J. 1989. Political Participation and Representation of Noncitizens, in: W. Rogers Brubaker (Hrsg.), Immigration and the Politics of Citizenship in Europe and North America. University of America Press, 129–143.
Miller, Mark J. 1994. Towards Understanding State Capacity to Prevent Unwanted Migrations, in: Martin Baldwin-Edwards und Martin A. Schain (Hrsg.), The Politics of Immigration in Western Europe. Special Issue of West European Politics 17, 2, 140–167.
Miller, Mark J. 1995. Illegal Migration, in: Robin Cohen (Hrsg.), The Cambridge Survey of World Migration. Cambridge: Cambridge University Press, 537–540.
Moore, Barrington 1969. Soziale Ursprünge von Diktatur und Demokratie. Die Rolle der Grundbesitzer und Bauern bei der Entstehung der modernen Welt. Framkfurt a.M.: Suhrkamp.
Moravcsik, Andrew 1991. Negotiating the Single European Act: National Interests and conventional Statecraft in the European Community, in: International Organization 45, 19–56.
Moravcsik, Andrew 1999. Supranational Entrepreneurs and International Cooperation, in: International Organization 53, 267–306.
Mouffe, Chantal (Hrsg.) 1992. Dimensions of Radical Democracy. Pluralism, Citizenship, Community. London/New York: Verso.
Mouffe, Chantal 1993. The Return of the Political. London/New York: Verso.
Münch, Richard 1984. Die Struktur der Moderne. Grundmuster und differentielle Gestaltung des institutionellen Aufbaus der modernen Gesellschaften. Frankfurt a.M.: Suhrkamp.
Münch, Richard 1995. Elemente einer Theorie der Integration moderner Gesellschaften. Eine Bestandsaufnahme, in: Berliner Journal für Soziologie 5, 5–24.
Nassehi, Armin und Markus Schroer 1999. Integration durch Staatsbürgerschaft? Einige gesellschaftstheoretische Zweifel, in: Leviathan 27, 95–112.
Newby, Howard 1996. Citizenship in a Green World: Global Commons and Human Stewardship, in: Martin Bulmer und Anthony M. Rees (Hrsg.), Citizenship Today. The Contemporary Relevance of T.H. Marshall. London: UCL Press, 209–221.
Nisbet, Robert 1974. Two Traditions of Citizenship, in: Social Research 41, 612–637.
Offe, Claus 1987. Democracy against the Welfare State? Structural Foundations of Neoconservative Political Opportunities, in: Political Theory 15, 501–537.

Offe, Claus 2006. Identitätskonflikte im demokratischen Rechtsstaat. Zur Problematik von Gruppenrechten, in: Jürgen Mackert und Hans-Peter Müller (Hrsg.), Moderne (Staats)Bürgerschaft. Vom klassischen Modell zu Debatten der Citizenship Studies. Wiesbaden: VS (i.V.).

Ohmae, Kenichi 1995. The End of the Nation State. The Rise of Regional Economies. New York: The Free Press.

Okin, Susan Moller 1992. Women, Equality and Citizenship, in: Queen's Quaterly 99, 56–71.

Okin, Susan Moller 1995. Gerechtigkeit und die soziale Institutionalisierung des Geschlechterunterschiedes, in: Bert van den Brink und Willem van Reijen (Hrsg.), Bürgergesellschaft, Recht und Demokratie. Frankfurt a.M.: Suhrkamp 281–322.

Oldfield, Adrian 1990. Citizenship: An Unnatural Practice?, in: The Political Quarterly 6, 177–187.

Oliveira, Heinrich J. de 1994. European Citizenship: Its Meaning, Its Potential, in: Renaud Dehousse (Hrsg.), Europe after Maastricht. An ever closer Union? München: Beck, 126–148.

Oliveira, Heinrich J. de 1995. Union Citizenship: Pie in the Sky?, in: Allan Rosas und Antola, Esko (Hrsg.), A Citizens' Europe. In Search of a New Order. London/Thousand Oaks/New Delhi: Sage, 58–84.

Pakulski, Jan 1997. Cultural Citizenship, in: Citizenship Studies 1, 73–86.

Parry, Geraint 1991. Conclusion: Paths to Citizenship, in: Ursula Vogel und Michael Moran (Hrsg.), The Frontiers of Citizenship. London: MacMillan, 166–201.

Parsons, Talcott 1966a. Full Citizenship for the Negro American ? A Sociological Problem, in: Talcott Parsons und Kenneth Clark (Hrsg.), The Negro American. Boston: Houghton Mifflin, 709–754.

Parsons, Talcott 1966b. The Political Aspect of Social Structure and Process, in: David Easton (Hrsg.), Varieties of Political Theory. Englewood Cliffs, N.J.: Prentice Hall, Inc., 71–112.

Parsons, Talcott 1969. Politics and Social Structure. New York: The Free Press.

Parsons, Talcott 1976. Zur Theorie sozialer Systeme. Herausgegeben von Stefan Jensen, Opladen: Westdeutscher Verlag.

Parsons, Talcott 1977a. Equality and Inequality in Modern Societies, or Social Stratification Revisited, in: Ders., Social Systems and the Evolution of Action Theory. New York: The Free Press, 321–380.

Parsons, Talcott 1977b. The Evolution of Societies. Herausgegeben und mit einem Vorwort von Jackson Toby. Englewood Cliffs, NJ: Prentice-Hall.

Parsons, Talcott 1985. Das System moderner Gesellschaften. Weinheim und München: Juventa Verlag.

Parsons, Talcott 2000. Gleichheit und Ungleichheit in modernen Gesellschaften. Zur Bedeutung sozialer Schichtung, in: Jürgen Mackert und Hans-Peter Müller (Hrsg.), Citizenship – Soziologie der Staatsbürgerschaft, Opladen: Westdeutscher Verlag, 103–129.

Parsons, Talcott, Robert F. Bales und Edward A. Shils 1953. Working Papers in the Theory of Action. Chicago: The Free Press.

Parsons, Talcott und Gerald M. Platt 1973. The American University. Cambridge: Harvard University Press.
Pateman, Carole 1987. Feminist Critiques of the Public/Private Dichotomy, in: Anne Phillips (Hrsg.), Feminism and Equality. New York: New York University Press, 103–126.
Pateman, Carole 1989. Feminism and Equality. New York: New York University Press.
Perlmutter, Howard V. 1991. On the Rocky Road to the First Global Civilization, in: Human Relations 44, 897–920.
Phillips, Anne 1987. Introduction, in: Dies. (Hrsg.), Feminism and Equality. New York: New York University Press, 1–23.
Phillips, Anne 1991. Citizenship and Feminist Theory, in: Geoff Andrews (Hrsg.), Citizenship. London: Lawrence and Wishart, 76–88.
Pitz, Ernst 1990. Untertanenverband, Bürgerrecht und Staatsbürgerschaft in Mittelalter und Neuzeit, in: Blätter für deutsche Landesgeschichte 126, 263–282.
Pocock, John G.A. 1992. The Ideal of Citizenship since Classical Times, in: Queen's Quaterly 99, 33–55.
Poggi, Gianfranco 2003. Citizens and the State: Retorspect and Prospect, in: Quentin Skinner und Bo Stråth (Hrsg.), States and Citizens. History, Theory, Prospects. Cambridge: Cambridge University Press, 39–48.
Procacci, Giovanna 1996. Exclus ou citoyens? Les pauvres devant les sciences sociales, in: Archives Européennes de Sociologie XXXVII, 323–342.
Pufendorf, Samuel 1991. On the Duty of Man and Citizen according to Natural Law. Edited by James Tully. Cambridge: Cambridge University Press.
Rawls, John 1979. Eine Theorie der Gerechtigkeit. Frankfurt a.M.: Surkamp.
Rawls, John 1993. Gerechtigkeit als Fairneß: politisch und nicht metaphysisch, in: Axel Honneth (Hrsg.), Kommunitarismus. Eine Debatte über die moralischen Grundlagen moderner Gesellschaften. Frankfurt a.M./New York: Campus, 36–67.
Raz, Joseph und Avishai Margalit 1990. National Self-Determination, in: Journal of Philosophy 31, 439–461.
Rees, Anthony M. 1996. T.H. Marshall and the progress of citizenship, in: Martin Bulmer und Anthony M. Rees (Hrsg.), Citizenship Today. The Contemporary Relevance of T.H. Marshall. London: UCL Press, 1–23.
Reich, Robert B. 1993. Die neue Weltwirtschaft. Frankfurt a.M.: Ullstein.
Rex, John 1996. Multikulturalismus in Europa und Nordamerika, in: Berliner Journal für Soziologie 6, 149–161.
Richardson, Diane 1998. Sexuality and Citizenship, in: Sociology 32, 83–100.
Richardson, Diane 2000. Constructing Sexual Citizenship, in: Critical Social Policy 20, 105–135.
Riedel, Manfred 1979. Bürger, Staatsbürger, Bürgertum, in: Otto Brunner, Werner Conze und Reinhard Koselleck (Hrsg.), Geschichtliche Grundbegriffe. Historisches Lexikon zur politisch-sozialen Sprache in Deutschland. Band 1. Stuttgart: Clett-Kotta, 672–725.
Rittstieg, Helmut, 1994. Dual Citizenship: Legal and Political Aspects in the German Context, in: Rainer Bauböck (Hrsg.), From Aliens to Citizens. Redefining the Status of Immigrants in Europe. Aldershot u.a.: Avebury, 111–120.

Roche, Maurice 1987. Citizenship, Social Theory and Social Change, in: Theory and Society 16, 363–399.
Roche, Maurice 1992. Rethinking Citizenship. Welfare, Ideology and Change in Modern Society. Cambridge: Polity Press.
Roche, Maurice 1995. Citizenship and Modernity. Review Article, in: British Journal of Sociology.46, 715–733.
Rodrik, Dani 2000. Grenzen der Globalisierung. Ökonomische Integration und soziale Desintegration. Frankfurt a.M./New York: Campus.
Rokkan, Stein 1960. Introduction, in: International Social Science Journal XII, 1–14.
Rosenau, James N. 1990. Turbulence in World Politics: A Theory of Change and Continuity. Princeton: Princeton University Press.
Rosenau, James N. 1997. Along the domestic-foreign Frontier. Exploring governance in a turbulent world. Cambridge: Cambridge University Press.
Ross, George 1995. Jacques Delors and European Integration. Cambridge: Polity Press.
Rousseau, Jean-Jacques [1762] 1986. Vom Gesellschaftsvertrag oder Grundsätze des Staatsrechts. Stuttgart: Philipp Reclam Jun.
Sandel, Michael 1993. Die verfahrensrechtliche Republik und das ungebundene Selbst, in: Axel Honneth (Hrsg.), Kommunitarismus. Eine Debatte über die moralischen Grundlagen moderner Gesellschaften. Frankfurt a.M./New York: Campus, 18–35.
Sassen, Saskia 1996. Migranten, Siedler, Flüchtlinge. Von der Massenauswanderung zur Festung Europas. Frankfurt a.M.: Fischer Taschenbuch Verlag. Reihe Europäische Geschichte.
Sassen, Saskia 1998. Zur Einbettung des Globalisierungsprozesses: Der Nationalstaat vor neuen Aufgaben, in: Berliner Journal für Soziologie 8, 345–357.
Sassen, Saskia 2002a. Toward Post-National and Denationalized Citizenship, in: Engin F. Isin und Bryan S. Turner (Hrsg.), Handbook of Citizenship Studies. London/Thousand Oaks/New Delhi: Sage, 277–291.
Sassen, Saskia 2002b. De-Nationalization: Territory, Authority and Rights in a Global Digital Age. Princeton: Princeton University Press.
Sassen, Saskia 2005. Die entfesselte Exekutive. Globalisierung und liberaler Staat, in: Blätter für deutsche und internationale Politik 4, 413–424.
Saunders, Peter 2006. Citizenship in einer liberalen Gesellschaft, in: Jürgen Mackert und Hans-Peter Müller (Hrsg.), Moderne (Staats)Bürgerschaft. Vom klassischen Modell zu Debatten der Citizenship Studies. Wiesbaden: VS (i.V.).
Schimank, Uwe 2000. Gesellschaftliche Integrationsprobleme im Spiegel soziologischer Gegenwartsdiagnosen, in: Berliner Journal für Soziologie 10, 449–469.
Schlesinger, Arthur M. 1992. The Disuniting of America. Reflections on a Multicultural Society. New York/London: W.W. Norton & Co.
Schmitter-Heisler, Barbara 1994. A Comparative Perspective on the Underclass: Questions of Urban Poverty, Race and Citizenship, in: Bryan S. Turner und Peter Hamilton (Hrsg.), Citizenship. Critical Concepts. Vol. 2. London/New York: Routledge, 114–136.
Schnapper, Dominique 1994. The Debate on Immigration and the Crisis of National Identity, in: Martin Baldwin-Edwards und Martin Schain (Hrsg.), The Politics of Immigration in Western Europe. Special Issue of West European Politics 17, 2, 127–139.

Shaw, Jo 1997. The Many Pasts and Futures of European Citizenship, in: European Law Review 22, 1, 554–572.
Shaw, Jo 1998. The Interpretation of European Citizenship, in: Modern Law Review 61, 3, 293–317.
Shklar, Judith 1991. American Citizenship. The Quest for Inclusion. Cambridge, Mass./London, England: Harvard University Press.
Shuck, Peter H. 1989. Membership in the Liberal Polity: The Devaluation of American Citizenship, in: W. Rogers Brubaker (Hrsg.), Immigration and the Politics of Citizenship in Europe and North America. University of America Press, 51–65.
Smith, Mark J. 1998. Ecologism. Towards Ecological Citizenship. Buckingham: Open University Press.
Smith, Rogers M. 2002. Modern Citizenship, in: Engin F. Isin und Bryan S. Turner (Hrsg.), Handbook of Citizenship Studies. London/Thousand Oaks/New Delhi: Sage, 105–115.
Somers, Margaret R. 1993. Citizenship and the Place of the Public Sphere: Law, Community, and Political Culture in the Transition to Democracy, in: American Sociological Review 58, 587–620.
Somers, Margaret R. 1994. Rights, Relationality, and Membership: Rethinking the Making and the Meaning of Citizenship, in: Law and Social Inquiry 19, 63–112.
Somers, Margaret R. 1995a. What's Political or Cultural about Political Culture and the Public Sphere? Toward an Historical Sociology of Concept Formation, in: Sociological Theory 13, 113–144.
Somers, Margaret R. 1995b. Narrating and Naturalizing Civil Society and Citizenship Theory: The Place of Political Culture and the Public Sphere, in: Sociological Theory 13, 229–274.
Soysal, Yasemin N. 1994. Limits of Citizenship. Migrants and Postnational Membership in Europe. Chicago: The University of Chicago Press.
Soysal, Yasemin N. 1996. Staatsbürgerschaft im Wandel. Postnationale Mitgliedschaft und Nationalstaat in Europa, in: Berliner Journal für Soziologie 6, 181–189.
Steenbergen, Bart van 1994a. The Condition of Citizenship. An Introduction, in: Ders. (Hrsg.), The Condition of Citizenship. London/Thousand Oaks/New Delhi: Sage, 1–9.
Steenbergen, Bart van 1994b. Towards a Global Ecological Citizen, in: Ders. (Hrsg.), The Condition of Citizenship. London/Thousand Oaks/New Delhi: Sage, 141–152.
Steinert, Heinz 2003. Die kurze Geschichte und offene Zukunft eines Begriffs: Soziale Ausschließung, in: Berliner Journal für Soziologie 13, 275–285.
Steward, Fred 1991. Citizens of Planet Earth, in: Geoff Andrews (Hrsg.), Citizenship. London: Lawrence and Wishart, 65–75.
Stewart, Angus 1995. Two Conceptions of Citizenship, in: British Journal of Sociology 46, 63–78.
Strange, Susan 1995. The Defective State, in: Daedalus 124, 2, 55–74.
Strange, Susan 1996. The Retreat of the State. The Diffusion of Power in the World Economy. Cambridge: Cambridge University Press.
Stråth, Bo und Quentin Skinner 2003. Introduction, in: Dies. (Hrsg.), States and Citizens. History, Theory, Prospects. Cambridge: Cambridge University Press, 1–8.

Tamir, Yael 1993. Liberal Nationalism. Princeton: Princeton University Press
Taylor, Charles 1993. Multikulturalismus und die Politik der Anerkennung. Herausgegeben von Amy Gutmann. Frankfurt a.M.: S. Fischer.
Taylor, David 1989. Citizenship and Social Power, in: Critical Social Policy, Vol. 26, 19–31
Thurow, Lester C. 1996. Die Zukunft des Kapitalismus. Düsseldorf/München: Metropolitan Verlag
Tilly, Charles 1985. War Making and State Making as Organized Crime, in: Peter B. Evans, Dietrich Rueschemeyer und Theda Skocpol (Hrsg.), Bringing the State Back In. Cambridge: Cambridge University Press, 169–191.
Tilly Charles 1997. A primer on citizenship, in: Theory and Society 26, 599–602.
Tilly Charles 1998. Where Do Rights Come From?, in: Theda Skocpol, George Ross, Tony Smith und Judith Eisenberg Vichniac (Hrsg.), Democracy, Revolution and History. Ithaca/London: Cornell University Press, 55–72.
Tilly, Charles (Hrsg.) 1975. The Formation of National States in Europe. Princeton: Princeton University Press.
Tocqueville, Alexis de [1835] 1987a. Über die Demokratie in Amerika. Erster Teil. Zürich: Manesse.
Tocqueville, Alexis de [1840] 1987b. Über die Demokratie in Amerika. Zweiter Teil. Zürich: Manesse.
Turner, Bryan S. 1986. Citizenship and Capitalism. London: Allen and Unwin.
Turner, Bryan S. 1988. Status. Milton Keynes: Open University Press.
Turner, Bryan S. 1990. Outline on a Theory of Citizenship, in: Sociology 24, 189–217.
Turner, Bryan S. 1993a. Preface, in: Ders. (Hrsg.), Citizenship and Social Theory. London/ Newbury Park/New Delhi: Sage Publications, VII-XII.
Turner, Bryan S. 1993b. Contemporary Problems in the Theory of Citizenship, in: Ders. (Hrsg.), Citizenship and Social Theory. London/Newbury Park/New Delhi: Sage, 1–18.
Turner, Bryan S. 1993c. Outline of a Theory of Human Rights, in: Sociology 27, 489–512.
Turner, Bryan S. 1993d. Talcott Parsons, Universalism and the Educational Revolution: Democracy versus Professionalism, in: British Journal of Sociology 44, 1–24.
Turner, Bryan S. 1995. Introduction. Rights and Communities: Prolegomenon to a Sociology of Rights. Symposium: Human Rights and the Sociological Project, in: Australian and New Zealand Journal of Sociology 31, 1–8.
Turner, Bryan S. 1997. Citizenship Studies: A General Theory, in: Citizenship Studies 1, 5–18.
Turner, Bryan S. 2001. The Erosion of Citizenship, in: British Journal of Sociology 52, 189–209.
Turner, Bryan S. (Hrsg.) 1993. Citizenship and Social Theory. London/Newbury Park/New Delhi: Sage.
Vogel, Ursula 1991. Is Citizenship Gender-Specific?, in: Ursula Vogel und Michael Moran (Hrsg.), The Frontiers of Citizenship. London: MacMillan, 58–85.
Vogel, Ursula und Michael Moran 1991. Introduction, in: Dies. (Hrsg.), The Frontiers of Citizenship. London: MacMillan, X-XXI.

Wacquant, Loïc J.D. 2004. Fortgeschrittene Marginalität. Anmerkungen zu Wesen und Bedeutung eines neuen Phänomens, in: Jürgen Mackert (Hrsg.), Die Theorie sozialer Schließung. Tradition, Analysen. Perspektiven. Wiesbaden: VS, 155–175.
Walby, Sylvia 1994. Is Citizenship Gendered?, in: Sociology 28, 379–395.
Walzer, Michael 1992. The Civil Society Argument, in: Chantal Mouffe (Hrsg.), Dimensions of Radical Democracy. Pluralism, Citizenship, Community. London/New York: Verso, 89–107.
Walzer, Michael 1993. Die kommunitaristische Kritik am Liberalismus, in: Axel Honneth (Hrsg.), Kommunitarismus. Eine Debatte über die moralischen Grundlagen moderner Gesellschaften. Frankfurt a.M./New York: Campus, 157–180.
Walzer, Michael 1994a. Sphären der Gerechtigkeit. Ein Plädoyer für Pluralität und Gleichheit. Frankfurt a.M./New York: Campus.
Walzer, Michael 1994b. Politik der Differenz, in: Transit 5, 5–20.
Walzer, Michael 1997. On Toleration. New Haven and London: Yale University Press.
Waters, Malcolm 1994. Introduction: A World of Difference. Symposium: Globalisation, Multiculturalism and Rethinking the Social, in: Australian and New Zealand Journal of Sociology 30, 229–234.
Waters, Malcolm 1995. Globalisation and the Construction of Human Rights. Symposium: Human Rights and the Sociological Project, in: Australian and New Zealand Journal of Sociology 31, 29–36.
Weber, Max [1922] 1985. Wirtschaft und Gesellschaft. Grundriss der Verstehenden Soziologie. Tübingen: J.C.B. Mohr (Paul Siebeck).
Weeks, Jeffrey 1998. The Sexual Citizen, in: Theory, Culture and Society 15 (3-4), 35–52.
Weiler, Joseph H.H. 1994. Fin-de-Siècle Europe, in: Renaud Dehousse (Hrsg.), Europe after Maastricht. An ever closer Union? München: Beck, 203–216.
Weiler, Joseph H.H. 1999. The Constitution of Europe. Cambridge: Cambridge University Press.
Wiener, Antje 1996a. Editorial: Fragmentierte Staatsbürgerschaft. In: Prokla. Zeitschrift für kritische Sozialwissenschaft 26, 488–495.
Wiener, Antje 1996b. (Staats)Bürgerschaft ohne Staat. Ortsbezogene Partizipationsmuster am Beispiel der Europäischen Union, in: Prokla. Zeitschrift für kritische Sozialwissenschaft 26, 497–513.
Wiener, Antje 2006. Europäische Bürgerschaftspraxis, in: Jürgen Mackert und Hans-Peter Müller (Hrsg.), Moderne (Staats)Bürgerschaft. Vom klassischen Modell zu Debatten der Citizenship Studies. Wiesbaden: VS (i.V.).
Wihtol de Wenden, Cathérine 1994a. Immigrants as Political Actors in France, in: Martin Baldwin-Edwards und Martin Schain (Hrsg.), The Politics of Immigration in Western Europe. Special Issue of West European Politics 17, 2, 91–109.
Wihtol de Wenden, Cathérine 1994b. Citizenship and Nationality in France, in: Rainer Bauböck (Hrsg.), From Aliens to Citizens. Redefinig the Status of Immigrants in Europe. Aldershot u.a.: Avebury, 85–94.
Wilde, Gabriele 1995. Geschlecht und das Prinzip der Ungleichheit. Zur Problematik der Gleichheit in demokratietheoretischen Ansätzen, in: Eva Kreisky und Birgit Sauer

(Hrsg.), Feministische Standpunkte in der Politikwissenschaft. Eine Einführung. Frankfurt a.M./New York: Campus, 122–160.

Wilde, Gabriele 2006. Staatsbürgerschaft und Bürgerschaftspolitik in Europa aus feministischer Perspektive, in: Jürgen Mackert und Hans-Peter Müller (Hrsg.), Moderne (Staats)Bürgerschaft. Vom klassischen Modell zu Debatten der Citizenship Studies. Wiesbaden: VS (i.V.).

Wilson, William Julius 1994. Citizenship and the Inner City Ghetto Poor, in: Bart van Steenbergen (Hrsg.), The Condition of Citizenship. London/Thousand Oaks/New Delhi: Sage Publications, 49–65.

Wilson, William Julius 1996. When Work Disappears. The World of the New Urban Poor. New York: Alfred A. Knopf.

Wobbe, Theresa 2000. Die Koexistenz nationaler und supranationaler Bürgerschaft. Neue Formen politischer Inkorporation, in: Maurizio Bach (Hrsg.), Die Europäisierung nationaler Gesellschaften. Sonderheft 40 der Kölner Zeitschrift für Soziologie und Sozialpsychologie. Wiesbaden: Westdeutscher Verlag, 251–274.

Woodiwiss, Anthony 2005. Human Rights. Milton Park: Routledge.

World Commission on Environment and Development 1987. Our Common Future (Brundtland Commission). Oxford: Oxford University Press.

Wriston, Walter B. 1988. Technology and Sovereignty, in: Foreign Affairs 67, 2, 63–75.

Young, Iris Marion 1989. Polity and Group Difference: A Critique of the Ideal of Universal Citizenship, in: Ethics 99, 250–274.

Young, Iris Marion 1990. Justice and The Politics of Difference. Princeton University Press.

Young, Iris Marion 1995. Unparteilichkeit und bürgerliche Öffentlichkeit. Implikationen feministischer Kritik an Theorien der Moral und der Politik, in: Bert van den Brink und Willem van Reijen (Hrsg.), Bürgergesellschaft, Recht und Demokratie. Frankfurt a.M.: Suhrkamp, 245–280.

Young, Iris Marion 1997. Unruly Categories: A Critique of Nancy Fraser's Dual Systems Theory, in: New Left Review 222, 147–160.

Zolo, Danilo 1993. Democratic Citizenship in a Post-Communist Era, in: David Held (Hrsg.), Prospects for Democracy. North, South, East, West. Cambridge: Polity Press, 254–268.

Sachregister

A

Anrechte 62, 63, 121, 122
Ansprüche 21, 34, 35, 39, 55, 56, 62–64, 67, 68, 107–110, 113, 120–122
Arbeitsmarkt 33, 86
Aristokratie, erbliche 46, 54
Autonomie 15, 25, 76, 78, 113
Anerkennung 11, 15, 30, 34, 74–79, 107–110, 112, 113, 124

B

Bildung 11, 30, 36, 37, 42, 46, 47, 49, 50, 57, 63, 66, 94
Bildungsinstitutionen 63, 67
Bildungsrevolution 42, 47, 50
Bildungswesen 37, 39, 50, 53, 56, 63, 67
Bourgeois 69
Bürger 11–15, 17–25, 31–35, 37–39, 51, 54–58, 61–69, 71–73, 75, 80, 81, 89, 93, 95–101, 110–113, 115, 117, 118, 121, 124–126
Bürgerrechte 11, 17, 23, 28, 29, 38, 47, 48, 58, 65, 73, 78, 101, 113, 116, 117, 121, 124, 126

C

Chancengleichheit 12, 37, 39, 46–49, 51, 56, 62–64, 79, 111, 122
Citizenship 11, 13, 15–19, 21, 28, 43, 52, 53, 55, 57–59, 61, 63, 64, 68, 72, 76, 80–87, 89, 96, 98–100, 103, 104, 107–110, 112–115, 117–121, 123–127
Citizenship, differentiated 109

Citizenship-Regime 55, 86, 123
Citizenship Studies 16, 60, 74, 105, 107–110, 121–123
Citoyen 69

D

Demokratie 14, 18–20, 22, 27, 38, 41, 64, 66, 71–74, 78, 79, 126
Denationalized Citizenship 114
Differenz 32, 57, 74–76, 109, 113, 120, 124
Doppelcharakter 41, 48
Dynamik 15, 16, 20, 49, 51, 54, 56, 59, 61, 62–65, 73, 79, 104, 110, 121, 122

E

Ebene, supranationale 96
Ecological Citizenship 109, 118–120
Einheitlichkeit, kulturelle 56
Einwanderung 11, 14
Environmental Citizenship 118, 119
Europäische Union 14, 92, 95, 97
Europäisierung 15
EU 14, 92, 95, 97, 98, 100
EU-Bürgerschaft 14–16, 87, 89, 90, 95–100, 104, 109, 124
Exklusion 13, 17, 61, 64, 80–82, 86, 108, 110, 112, 121, 123, 124
Exklusion, soiale 12

F

Feudalismus 21, 31, 35, 39
Freiheit 11, 19, 22, 32, 36, 51, 58, 59, 63, 65, 67, 69, 73, 75, 76, 84, 102, 111, 121, 123

G

Gemeinschaft 17–20, 23, 24, 27, 34, 35, 54, 55, 62, 69–71, 73, 79, 82, 85, 92, 93, 99, 108, 109, 115, 119, 120
Gemeinschaft, gesellschaftliche 41–43, 45 46, 48–50, 52, 53
Gemeinwohl 19, 22, 90
Gerechtigkeit 19, 70, 71, 73, 107, 120, 123
Gerechtigkeit, soziale 36, 56
Gesellschaft, multikulturelle 74, 79
Gleiche 17, 25, 31, 33, 35, 51, 56, 64, 74, 75
Gleichheit, absolute 36, 48, 51, 56, 63, 64
Gleichheit, formale 11, 40, 47, 51, 61–65, 68, 100, 114, 121, 123
Globalisierung 14–16, 87, 89, 91–93, 95, 101, 103, 107, 117, 120, 124, 126, 127
Governance 91, 107
Grundlagen, askriptive 46
Gruppenrechte 74, 76–79, 124, 124

H

Herrschaft 19, 21–25, 32, 42, 48, 50, 55, 64, 90, 93, 94, 104, 111, 112, 115, 117
Heterogenisierung, ethnische 74, 92

I

Identität 15, 25, 54, 57, 60, 72, 74–76, 78–80, 85, 92, 95, 98–100, 108–110, 113, 121, 124
Identität, nationale 14, 15, 23, 25, 87, 89, 96, 99, 100, 108, 110, 114, 116
Immigration 11, 81, 82, 85, 109, 115
Individualismus, institutionalisierter 46
Inklusion 13, 14, 17, 24, 33, 41, 52, 53, 61, 62, 64, 80, 81, 82, 84, 101, 108, 121, 123, 124
Integration, gesellschaftliche 13, 31, 35, 37, 38, 40, 54
Integration, soziale 13, 15, 16, 27, 28, 31, 34–36, 38–40, 49, 81

K

Kapitalismus 21, 25, 31, 32, 37–41, 57, 107
Klassen, soziale 28–30, 38, 46, 107
Klassengesellschaft 28–31, 34, 35, 37, 38, 54
Klient 25, 67
Kommunitarismus 108, 119
Kontexte, askriptive 46

L

Liberalismus 30, 65, 68, 70, 74, 108, 111, 119, 120

M

Markt 14, 21, 25, 31, 34, 51, 65, 67, 97, 112, 119, 123, 124
Marktbürger 15, 95, 97, 98, 123
Marktsystem 21, 31, 32, 39
Menschenrechte 15, 16, 58, 73, 87, 89, 90, 92, 95, 100–104, 107, 109, 116, 117, 122–124
Minderheiten 76–79, 81, 101, 110, 113
Migranten 15, 52, 80, 81, 86, 101, 116
Migration 81, 92, 100
Mitgliedschaft 11, 13, 16, 23–25, 35, 52, 71, 75, 81, 82, 87, 89, 95–99, 109, 114–116, 123
Multicultural Citizenship 76, 109
Multikulturalismus 74, 75, 78, 87, 107

N

Nation 14, 22, 23, 25, 33, 46, 83–86, 98, 99, 110, 113, 115, 116
Nationalstaat 14, 15, 21, 22, 24, 25, 46, 55, 58, 73, 74, 81, 82, 87, 89–95, 97–99, 101–104, 108, 109, 114–117, 120, 123–126
neoliberal 14, 66, 67, 117, 123
Neoliberalismus 65, 67, 91, 93

O

Ordnung, soziale 12, 13, 70, 71

P

Parlamente 32
Partikularisierungsstrategie 109, 110, 116, 125, 127
Partikularismus 46, 61, 64, 73–75, 80, 121, 123
partikularistisch 21, 23, 24, 54, 73, 80, 108, 113, 116, 121, 122
Partizipation 17, 19, 20, 35, 38, 39, 48–51, 55, 56, 62, 70, 72, 73, 80, 94, 117, 121, 123, 124, 127
Pflichten 17, 18, 20, 22, 23, 25, 30, 39, 67–69, 73, 81, 84, 99, 100, 102, 108, 118
Politik der Anerkennung 75–78
Politik der Differenz 75
Politik gleicher Würde 75–77
Polis 18–20
postnational citizenship 114
Praxis 17, 61, 64, 68, 70, 108, 121, 123

R

Rechte, bürgerliche 32, 33, 42, 48, 51, 58, 66, 112, 113, 124
Rechte, individuelle 39, 54, 70, 113, 116, 124
Rechte, politische 17, 22, 32–35, 42, 50, 53, 58, 64, 101, 108
Rechte, soziale 13, 14, 17, 25, 32–37, 40, 49, 53, 57, 58, 65–68, 79, 97, 101, 110, 118
Rechte, kulturelle 40, 42, 49–51, 54, 56, 58, 80, 101
Rechte, ökonomische 42, 56, 58
Rechtssubjekt 25
Republikanismus 68, 70, 108, 119, 120
Revolution, Industrielle 21, 42
Revolution, Demokratische 22, 42, 47, 50

S

Schließung, soziale 81
Selbstverständnis, inklusivistisches 32
Sexual Citizenship 109, 110, 112
Souverän 25, 55, 56, 90, 101
Souveränität 21, 22, 90–95, 115–117
Souveränitätsverlust 14, 87, 89, 90, 94, 95, 104
Spannungsverhältnis 16, 35, 38, 40, 54, 61, 62, 64, 65, 73–75, 80, 81, 102, 121, 123
Staat 11, 14, 15, 17–22, 24, 25, 39, 48, 55, 56, 58, 63, 65, 66, 69, 75, 76, 78–84, 89–98, 100, 102–104, 107, 114–117, 123–126
Staatsbürger 15, 16, 19, 22–25, 30, 31, 39, 41, 54, 62, 63, 69, 71–73, 76, 79–86, 95, 110, 112, 114–116, 123
Staatsbürgerrechte 14, 15, 20, 24, 25, 27–31, 34, 36–38, 40–42, 45, 47–49, 51–59, 62, 66–68, 73, 80, 83, 92, 101–103, 107, 108, 110, 121
Staatsbürgerschaft 11–25, 27, 28, 31–33, 38–41, 43, 48, 49, 51, 53–57, 59–65, 67–69, 71–76, 79–87, 89, 90, 95, 96, 98–105, 107–118, 121–125
Staatsbürgerschaft, doppelte 11
Staatsbürgerstatus 30, 32–35, 39, 57, 62, 66, 108, 116
Staatszentriertheit 96, 97
Status 14, 15, 17, 19, 20, 22–25, 30, 31, 33, 34, 36, 37, 39, 41, 43, 45, 46, 48, 50, 51, 54, 56, 61, 64, 68–70, 73, 80, 82, 84, 85, 96–99, 107, 108, 110–112, 116, 121, 123, 125
Status, erworbener 46
Status, zugeschriebener 46
Statusgleichheit 36, 41, 47–52, 54
Statussystem 31, 33, 35, 56
Steuern 69
Strukturprinzipien 31, 38

T

Terrorismus 12, 18, 125, 126

U

Überwachung 11, 12, 25, 58, 126
Ungleichheit 22, 24, 27, 30, 31, 33, 34, 36, 39–41, 45, 47–51, 54–56, 62, 121–123
Ungleichheit, illegitime 12, 35, 37
Ungleichheit, legitime 36, 37, 51, 62, 100
Ungleichheit, soziale 12, 27, 29–31, 33–37, 39, 40, 46–48, 51, 52, 61, 64, 65, 68
Unionsbürger 86, 96, 97
Unionsbürgerschaft 96–98

Universalisierungsstrategie 101, 109
Universalismus 61, 64, 73–75, 78, 80, 108, 112, 121, 123, 125

W

Wohlfahrtsstaat 11, 14, 25, 29, 32, 38–40, 58, 65–68, 103, 115

Z

Zivilgesellschaft 23, 79
Zugehörigkeit 13, 16, 23, 25, 27, 46, 54, 80, 82, 83, 92, 95, 98, 99, 100, 108–110, 115–117, 121, 123

MIX
Papier aus verantwortungsvollen Quellen
Paper from responsible sources
FSC® C105338

If you have any concerns about our products,
you can contact us on
ProductSafety@springernature.com

In case Publisher is established outside the EU,
the EU authorized representative is:
**Springer Nature Customer Service Center GmbH
Europaplatz 3, 69115 Heidelberg, Germany**

Printed by Libri Plureos GmbH
in Hamburg, Germany